寶鏡無境

The Infinite Mirror

石頭希遷｜參同契　洞山良价｜寶鏡三昧歌　新詮

聖嚴法師｜著
釋果醒｜譯

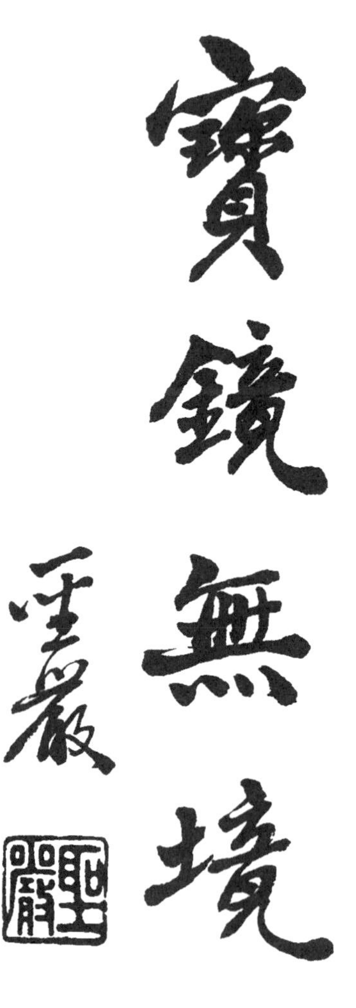
寶鏡無境
聖嚴

自　序

石頭希遷所著的〈參同契〉與洞山良价所寫的〈寶鏡三昧歌〉，被公認爲是禪佛教曹洞宗最重要的兩篇著作。曹洞宗的源頭可直接追溯到石頭希遷（西元700～790年），間接可追溯到他的師公六祖惠能（西元638～713年），但曹洞宗的命名來自此宗兩位最有名的祖師，即洞山良价禪師（西元807～869年）及曹山本寂禪師（西元840～901年）。

石頭禪師有很多弟子，諸如藥山惟儼禪師（西元745～828年）以及天皇道悟禪師（西元754～807年）。跟石頭禪師一樣，藥山惟儼又把禪法傳給許多法嗣，其中包括兩位很重要的禪師，即雲巖曇晟（西元780～841年）及投子大同（西元819～914年）；雲巖曇晟接著又傳法給洞山良价。因此，曹洞宗確實是禪宗傳承下來的宗派，這是不容置疑的。

〈參同契〉在曹洞宗佔有極重要的地位。曹洞宗的祖師廣泛援用石頭禪師著作中的智慧，並且致力讓後人能夠瞭解〈參同契〉。在日本佛教叢書中，只要介紹曹洞宗的教理，〈參同契〉及〈寶鏡三昧歌〉往往被編在一起。但根據我個人的經驗，至今還未發現有任何一本書清楚地解說〈參同契〉。

今日的台灣，也幾乎沒有人講解這兩篇佛教著作的教理。既然我是曹洞宗的法子，我覺得有責任把曹洞禪法傳給我的學生及弟子們，這個傳法的責任包括講解這些重要的經教。我在美國東初禪寺每週三的開示中，介紹過這兩篇佛教著作。通常在精進禪修中，我只強調禪修的方法，而不講解佛法的哲理，但在每週三的開示中，我講教理也講修行方法。在這樣的開示中，〈參同契〉及〈寶鏡三昧歌〉是很理想的教材。

事實上，這兩篇著作的中文原文非常難懂，將它們翻譯成英文也是極吃重的工作。這兩篇著作及作者的生平簡介早已收錄於《開悟的詩偈》（*Poetry of Enlightenment*）一書中。在這本書中，我對每篇著作都作了深度的解說，我的註解是根據我對這些作品與其作者的瞭解，還有我對他們的修行方法的體驗。不過我既不是石頭禪師也不是洞山禪師，所以我無法完全而清晰地解釋這兩位大師著作中的涵義。這兩篇詩偈很難參透，在翻譯、解釋、甚至編輯這些著作的過程中，問題層出不窮，但是有愈多問題讓我解釋，這些詩偈的涵義就愈清晰。很高興地，這項工作完成了。

據我所知，曹洞宗的典籍還沒有任何英文註釋，我相信〈寶鏡三昧歌〉也沒有任何其他英文譯本；〈參同契〉好像已有一本英文譯本，當然我也有可能記錯了。我希望藉由本書，讓更多英文讀者認識這些重要的佛教作品，也讓佛教修行者更易體會，並期望佛教徒能更爲瞭解曹洞禪的修行方法及教理；對許多人而言，它可能是第一本曹洞宗的教理概論。

我要強調，這本註釋不是學術論文。這些教理是爲了眞誠的佛教徒而說；修行方法的闡釋是用來鼓勵人們修行，而不是作研究。做研究、寫學術論文我有經驗，但學術性的東西還是讓其他人去寫，我希望這本小書能引發更多更好的書來討論這個主題。

致謝

我眞誠地感謝促成本書問世的每一個人：王明怡和李佩光把淩亂的演講稿翻譯成英文；Dorothy Weiner與Nancy Makso不厭其煩地將講稿謄寫成文；Chris Marano主編這本書，有效率且勤奮地做準備工作；Harry Miller大力協助Chris，讓讀者覺得淺顯易懂；Stuart Lachs對本書的許多觀念及整體風格，提供了很有價值的評語及意見；Jonathan

Bardin和Nancy Makso 負責校對及定稿；Page Simon設計內頁及封面；Trish Ing監督所有的作業流程。我也要感謝週三佛法開示班的所有成員，沒有他們，這本書就無法問世了。

聖嚴

目錄

自　序　3

石頭希遷〈參同契〉　9

正文 —— 011

簡介 —— 013

釋文 —— 017

一、邁向佛心的道路 —— 017

二、人人都有靈源 —— 025

三、萬法含攝於一 —— 028

四、諸法因緣生 —— 033

五、心寂靜，智慧生 —— 038

六、在動中見不動 —— 042

七、智慧不離煩惱 —— 049

八、修行並無終點 —— 053

九、時時精進修行 —— 056

洞山良价〈寶鏡三昧歌〉 59

正文 —— 061
簡介 —— 063
釋文 —— 069

一、處處鍊心，勤拂心鏡—— 069
二、對症下藥，隨順因緣—— 075
三、自性顯現，煩惱袪除—— 080
四、放下寶鏡，只管修行—— 086
五、解脫知見，度化眾生—— 090
六、邁向究竟圓滿悟境 —— 098
七、體證實相的眞如本性—— 103
八、依循佛道，遠離魔道—— 106

石頭希遷〈參同契〉

〈參同契〉正文

石頭希遷禪師

竺土大仙心，東西密相付。人根有利鈍，道無南北祖。
靈源明皎潔，枝派暗流注。執事元是迷，契理亦非悟。
門門一切境，迴互不迴互。迴而更相涉，不爾依位住。
色本殊質象，聲元異樂苦。暗合上中言，明明清濁句。
四大性自復，如子得其母。火熱風動搖，水濕地堅固。
眼色耳音聲，鼻香舌鹹醋。然依一一法，依根葉分布。
本末須歸宗，尊卑用其語。當明中有暗，勿以暗相遇。
當暗中有明，勿以明相覩。明暗各相對，比如前後步。
萬物自有功，當言用及處。事存函蓋合，理應箭鋒拄。
承言須會宗，勿自立規矩。觸目不會道，運足焉知路。
進步非近遠，迷隔山河固。謹白參玄人，光陰莫虛度。

〈參同契〉簡介

在講解〈參同契〉之前，我想簡短介紹作者石頭希遷的生平及成就。他是唐朝人，十三歲出家，起初跟隨六祖惠能學禪，但是沒多久六祖就圓寂了，於是他轉而跟著六祖惠能座下的一位重要弟子青原行思（西元660～740年）學習。極為重視〈參同契〉的曹洞宗，它的源頭可以溯及石頭希遷，但開創曹洞宗的，卻不是石頭禪師，而是他的兩位法嗣。

石頭希遷的法脈傳承如下：藥山惟儼、雲巖曇晟、洞山良价、曹山本寂。洞山良价及曹山本寂被公認為曹洞宗的開創者。事實上，曹洞宗的名字即取自這兩位祖師名號的第一個字。

石頭希遷這部著作名爲〈參同契〉，這個篇名最早出現於東漢時代，原爲另外一本書的書名，那是道士魏伯陽的著作。這部道書描述煉丹術，以讓人長生不老或羽化成仙。但爲什麼石頭禪師採用道書的書名作爲自己禪詩的名稱呢？當佛教初傳中土時，釋迦牟尼佛被稱爲「大覺金仙」，這是道家用語，其目的就是要讓佛法與道家產生關聯。由於採用道家的書名，石頭禪師讓成仙與成佛兩者間產生了類似的關係，他勸導世人，說修行能讓人成佛或成爲「大覺金仙」。另外，這個名稱還暗指成佛所憑藉的禪修，與道家某些修煉方式極爲類似。

這篇著作的名稱由三個漢字組成。其中，「契」本爲「合約」之意，當兩人爲了完成一個目標而達成協定時，這個協定稱爲「契」。例如，在法院公證結婚的人需要宣誓確認彼此的婚約，這種確認就稱爲「契」。

「同」表示「共同」，這首詩中，「同」指十方三世一切諸佛。「同契」一詞所指的「確認」不只是兩人間的協議，而是指諸佛共同確認。爲了要成佛，一個人必須依循這首詩歌所指示的道路去修行。

「參」可翻譯爲「功」或「參究」，一個人必須努力去探究事物的意義。這首詩歌的名稱意味探究「同契」的意義，或探究什麼是諸佛共同認可之事，這與參公案、話頭時要面對的問題是同類的。事實上，許多公案都源自〈參同契〉及曹洞宗的開示。例如，有一則知名的公案：什麼是達摩祖師西來意？當然你不能回答說，菩提達摩離開印度，將佛法傳入中國。因爲這樣的回答是根據理性思考推論出來的，而這問題背後所潛藏的要旨是不能用語言文字解釋的。當一個人參究這則公案時，實際上即是在努力揭開諸佛共許之事，這就是〈參同契〉的一個範例。

在這首詩中，有兩個非常重要的名相——明與暗，它們字面上的意思分別是「光明」與「黑暗」。曹洞宗後來的作品常提到相對的概念，諸如「中與偏」、「君與臣」，這些對詞其中之一——明、中、君，代表事相中的主導者；另一個名詞——暗、偏、臣，代表事相中的輔助者或配合者。這些相對詞常爲曹洞宗禪師所用，以幫助解釋修行的經驗。例如，他們將開悟的經驗分成五種層次，而利用相對詞輔助解釋曹洞宗五層悟境的做法，即源自於石頭希遷的「明暗」這對名相。

石頭希遷對禪宗影響很大，尤其是曹洞宗。〈參同契〉中既然有他的根本思想，因此這部著作很値得探討。可是，〈參同契〉的內容很難理解，而且目前也沒有這首詩的英文註釋。我希望拋磚引玉，將來有更多更好的〈參同契〉註釋跟著出現，希望這本註釋能對讀者有所幫助。

〈參同契〉釋文

一、邁向佛心的道路

竺土大仙心，東西密相付。

「竺土大仙」意指釋迦牟尼佛。釋迦牟尼佛並未將佛法從西方傳來東方，在歷史上，佛法東傳至中國應歸功於菩提達摩，但是這兩句詩也不是指菩提達摩。詩偈談的是佛心，不是佛陀本人。從西方祕傳至東土的這顆心是指圓滿覺悟者的智慧，亦即佛教名相中的「心地法門」。

釋迦牟尼佛立誓在菩提樹下禪坐，不達徹悟，終不起座。據說當他真實本性現前時，心中是光明的。煩惱盡除，其心明淨；若修行者達到這種境界，則見諸法眞實本性。此眞實本性有很多名稱，有時叫做法性，開悟前亦稱爲佛性，開悟後則稱爲佛的智慧。眾生未悟前，不知佛心爲何物，或位於何處，只有深入觀察自己本性的人才能察覺眞心。因此詩中說，佛「心」或佛的智慧——「密相付」，亦即得以祕傳。

未悟的人見不到此心，佛陀也無法讓他們看見此心，修行者必須靠自己親身體悟。佛只能給人佛法，不能讓人變成佛。連佛都沒辦法讓我們看見此心，佛以後的祖師又怎麼可能做得到？開悟必須靠修行人自己努力才能達成。

雖然看來矛盾，但覺悟的人瞭解，佛已明確、完全地將智慧傳給他們。換句話說，佛將他的心顯現於徹悟的人面前，而這些徹悟者也親見歷代祖師將此心從西方（天竺）❶傳到東方來。石頭希遷用「祖師」一詞，形容徹見此心的圓滿覺悟者。

此眞心又稱「正法眼藏」。一切法皆來自這個「貯藏庫」，但只有法眼已開的覺悟者才能見此法藏。此心傳承於歷代祖師之間，這有時稱爲「傳法」或「付法」，但它的正式名稱爲「付法藏」。同樣地，歷代祖師的法統紀錄有一個特別的名稱，即《付法藏因緣傳》。

❶ 今稱印度。

當然，歷代祖師間師徒傳承法藏絕非祕密，對傳法者與受法者而言，法藏的傳付是公開透明的，但是尚未覺悟的眾生對當下發生的傳法一無所知。對未悟的人來說，「付法藏」是祕密，在他們開悟之前，這始終是一個謎。

人根有利鈍，道無南北祖。

雖然未悟眾生的根器有所不同，但祖師無論來自東西南北，皆無差別。

人的根器的確有差異。若能修學佛法，即使你認爲自己修行很差，都應該感到高興。能夠遇上、接受及修行佛法是稀有難得的，這表示你跟佛法結了很深的緣。然而，法緣深厚不等於具有利根或鈍根。得遇佛法者或許具備相同的法緣，但其中有些人也許是利根，有些人則是鈍根，而利根人比鈍根人更能迅速斬除煩惱。

想像有一顆鐵球，雖然它很重，卻也可能因爲不夠鋒利而無法穿透紙袋，因而仍然隱藏於袋中。根器深而鈍的修行者就好比是袋中的鐵球，雖然法緣很深，但修行能力卻是鈍的，因此無法迅速破除煩惱。相反的，根器很利的修行人就如同一把鐵劍，稍一用力，這把劍就可刺穿袋子。

經過長時間修行仍然不能見到自己眞實本性的人，必須承認自己是鈍根人，但不該因此絕望。這種人根器雖鈍，法緣卻很深。像這樣的人必須堅持下去，繼續修行，不斷琢磨、鍛鍊他們的「鐵球」，直到打造出鋒利的刀刃，刺破業障之牆，唯有此時，劍才能現前。

有這麼一則故事，傳說釋迦牟尼佛的兒子羅睺羅在耶輸陀羅（佛陀出家前的妻子）腹中住胎六年。釋迦牟尼尚未離開皇宮時，耶輸陀羅就已懷孕，但直到釋迦牟尼徹悟，羅睺羅才出母胎。皇族人人交相指責耶輸陀羅與人通姦，並且判她死刑。對此判決，耶輸陀羅說：「我知道自己是清白的，爲了證明這一點，我願意接受一項試驗：在水中放一塊石頭，然後我跟孩子站在石頭上。假如我們沉下去，表示我有罪，我們淹死了也應該；假如我們浮在水面上，那就表示我無罪。」當然，結果耶輸陀羅與羅睺羅母子，還有那塊石頭都沒有下沉，因而證明了她的清白。

羅睺羅爲何停留母胎如此之久？釋迦牟尼佛解釋此事因緣：原來在過去世中，羅睺羅曾看到一條蛇溜進洞中，他封住洞口，將蛇困在洞裡，六天後才移開洞口的石頭，讓蛇脫身。因爲這個行爲的果報，使得羅睺羅在娘胎中住了六年。

在這個故事裡，佛陀只敘述羅睺羅過去世中的一樁行爲，而無量世以來我們對其他眾生造作種種惡行，不可能一一追溯自己累積的所有惡業。過去世的惡業會在今生的修行道路上形成障礙，就像羅睺羅無法離開母胎，我們的智慧也無法突破自己的業障。只要遭到過去的行爲障礙，不管法緣多深，我們的根器依然魯鈍。

想要進步，一個人必須坦然面對自己的業障，接受過去世所造的業報，並且自今生起，生生世世堅定道心，不斷修行。

自覺根器魯鈍的人不用絕望，也不必羨慕利根人。有些人法緣深，根器又利，在修行道上，這種人很快就進步神速，而且不會退步。他們有很深的開悟經驗，一次開悟就斷盡所有煩惱，達到徹悟。但這樣的人如鳳毛麟角，寥寥無幾。通常修行進步很快的人——因爲他們沒有太多的業障，法緣不深。他們的根器很利，修行不久後就見到自性，但是因爲沒有很深的法緣，所以從開悟中得到的利益很薄弱，而且維持不了多久。他們不能從經驗中產生持續力，並且因爲沒有繼續精進修行，先前獲得的利益很快就消失殆盡。

禪師們常說，一個人在開悟前必須精進地修行，「如喪考妣」；然而開悟後，更要加倍精進修行，心態更爲嚴肅認眞，猶如「更喪考妣」。爲什麼這樣呢？因爲未開悟前，你非常可憐，既不知道自己從哪裡來，也不知道要往哪裡去，又不知道自己是誰。要找到這些問題的答案，除了死心蹋地、精進不懈地修行之外，你別無選擇。

至於開悟的人，他們知道自己從哪裡來，要到哪裡去。但是已見自性而法緣不深的人必須小心謹愼，因爲這種人很容易退轉，或偏離正確的修行，就像走在狹窄的險道上，一不小心就可能迷路，再度置身陌生異地。有了開悟的經驗後，修行人需要繼續精進修行，直到踏上寬廣、安全的大道。

石頭希遷在這兩句詩提到的「道」，意指佛心，也指邁向佛心的道路。未開悟的人，不知自己身在何處，去向何方。對這樣的人來說，「道」的意思就是成佛之道。見到自性後，修行人就知道自己目前所在的位置，也知道未來的目標在哪裡。然而，他們仍須在修行道上繼續前進，所以還是需要談到「道」。只有成佛，才不再需要談「道」。有時候我們把「道」當成佛道，但這是爲了要利益還未成佛的眾生，才需要這樣的名相；對佛陀而言，並沒有佛道。

我們要知道，見到自性或體驗悟境未必代表永遠開悟。當一個人見到自己眞實本性，亦即見到無我的空性時，悟境就像靈光乍現，一閃即逝。根據禪宗史的記載，只有一些禪師經歷一次悟境就已大徹大悟，唐朝的溈山靈佑禪師（西元771～853年）及仰山慧寂禪師（西元807～883年）就是如此，他們是最高境界的禪師。

但這種例子不多，通常一次開悟不夠，修行人需要多次開悟經驗，有時悟境很淺，有時很深，例如宋朝有一位禪師說他一生中大悟三十多次，小悟不計其數。一位有智慧的禪師很少允許弟子初次開悟後馬上去教導別人，因爲他們仍然需要繼續精進修行。

曹洞宗談到修行佛道有五種層次，後來明朝諸禪師則談到了禪修三關。通過第一關「初關」相當於初次體驗開悟，就像跨過一道門檻。也許會有禪師印證認可你這種體驗，但他很可能不允許你去教導別人，因爲你還得下許多工夫。

第二關稱爲「重關」（重重關卡）。在這個層次，修行人會經歷好幾次悟境，通常悟境會一次比一次強，來自悟境的力量也會持續較久。我所說的力量與利益，意指煩惱消失的數量及力量。悟境可能只維持一剎那，但在那一剎那，修行人會瞭解自身煩惱的虛妄本質，由貪、瞋、癡、慢、疑造成的煩惱與執著也會暫時消失。修行人的煩惱可能很快回復，也可能經過一段較長的時間才回復，這要依悟境的深淺、強弱而定。只有大徹大悟，才能永斷煩惱。

第三關稱爲「牢關」。打破此關的修行人就破除了生死輪迴的束縛，這樣的人已經達到解脫，大徹大悟，也斷盡一切煩惱。但這仍然不代表不需要再修行；一個解脫的修行者可以一邊教導別人，同時一邊修行，以累積更多智慧與功德。這個層次，相當於禪宗「十牛圖」的第十圖。

修行人是有可能在第一次開悟時就破牢關，不過通常必須先破重關才行。一次開悟就破三關的人具有深厚銳利的根器，猶如身懷鋒利的鐵劍。在禪宗發展初期，出家人尚未破除牢關前不准教導別人；但現在環境不同了，有些修行者還在第二關，或甚至只達第一關，就得到允許教導別人。

已有開悟經驗的人應該瞭解，他們並未完全大徹大悟，還需尋求師父的指導或研讀經教。

如果實在找不到師父指導，他們才可以指導別人，但仍然必須謹慎。他們要瞭解，自己還有很多問題要克服。他們本身經驗尚淺，因此要小心，不要誤導追隨者。他們本身悟境不深這件事，應該讓學生知道；如果學生誤以爲老師是大徹大悟者，日後他們可能會對老師的言行感到失望，這不僅對學生不公平，對佛法也不公平。僅有初次開悟經驗的老師必須謙卑，最重要的是，他們必須繼續修行。

這樣的老師就好比是教練，教練也許不是傑出的運動員，卻有能力教導別人成爲傑出的運動員。我時常說我好像只有一條腿，身邊圍繞著一群無腿的學生；我走不快，但至少我能四處走動。我知道只有一條腿不夠完美，也知道自己有可能擁有兩條腿，有這樣的認知，我可以教那些無腿的學生長出兩條腿來。

常常有人問我，開悟的境界是否有可能退失，以致修行者忘失自己的體驗，不再修行？其實，消失的不是靈光乍現的開悟經驗，而是來自悟境的力量。如果眞正開悟，就會清楚看見自己的眞實本性，並且加倍努力修行，因爲修行的信心與力量都增加了。如果一個人自稱已經開悟，你得有所警覺，要是他不再繼續修行，而且行爲不檢點，那麼他很可能沒有眞正的開悟經驗。當然，某些業報因緣也有可能使修行者在開悟後無法繼續修行，但這是例外。

另外，從修行得到的力量並非魔法，它不是推動一個人持續修行的實體或力量。修行的力量是來自貪、瞋、癡、慢、疑的消失，當這力量退失時，這些煩惱又會再出現。不過這應該足以驅使修行者繼續修行，因爲一旦一個人曾經經歷無煩惱的生命，即使只是一剎那，也會讓此人有信心、決心持續修行，直到煩惱終於減輕而永遠消失爲止。

二、人人都有靈源

靈源明皎潔，枝派暗流注。

「靈源」是指成佛的潛能，或我們每個人內在都有的成佛種子。它通常稱爲佛性，也可形容爲我們人人內在本有的清淨無染之主（undefiled master）。

「靈源」一詞還有其他涵義，它暗示某種自在柔和之物，像一盞溫和、無障礙的燈，具有普照力量。這兩個字有時用來形容月光，人們普遍認爲月光是柔和而皎潔的。因此，靈源完全不受障礙，而且光明、皎潔、清明。

從一位覺悟者的眼光來看，靈源清淨，如如不動。它不具任何力量，因爲不需要，不過如其本性而已。但是對一般有情眾生而言，靈源具有照明之力，因爲他們處在無明的黑暗中，需要光明的力量才能脫離黑暗。當靈源顯現這種照明之力時，就稱爲智慧。

靈源存在於每個眾生心中，且爲一切眾生所共通。只是未悟之前，眾生被無明障蔽，靈源被煩惱覆蓋。其實，任何有情眾生都是獨一無二的，我們可以說，每個眾生皆是這共通於一切的靈源之流各個不同的分支。

從佛陀的觀點，人人都有靈源。換句話說，清淨無染的佛性之光處處皆同。但眾生未悟，只見自己沉淪在黑暗中，遠離靈源。他們將靈源之光視爲智慧，自身周邊的黑暗則爲煩惱。人人皆有自己的煩惱，所以都是獨一無二的。有情眾生依照自己陷於煩惱的深淺程度，而見種種不同層次的黑暗。對佛陀而言，智慧與煩惱並無不同，雖然如此，佛陀還是無條件地立即回應眾生的需求。

當有情眾生從這共通的靈源分歧而出時，就朝無量無數不同的方向蜿蜒流去，隨著各自的煩惱與業報，在各種不同道路上的各個支點流出流入，充塞於生死輪迴無盡的六道中。

這兩句詩的第一句提到「明」，第二句則有「暗」。「明」代表覺悟，「暗」代表煩惱，或有情眾生未悟前的狀態。在這兩句詩中，明暗互別，彼此相異；明是明，暗是暗，壁壘分明。然而，明暗之間的差異是佛法的一種方便說，用以教導凡夫眾生，使他們得到利益。

執事元是迷，契理亦非悟。

這兩句詩回應前兩句。我剛才說明暗互別，彼此相異，但這種說法源自於佛教某些宗派的教理，並非最高層次的佛法。此處這兩句提醒我們，將明暗視為不同的實體並非最究竟的佛法。

假如區別明與暗、煩惱與智慧、生死與涅槃，那就是分別心，而分別心來自於無明。要是你分別，也就是執著種種現象間的不同，並以執著心加以區分，那麼你就沒有覺悟，仍然愚癡，執著於某種見解。這些特徵屬於凡夫眾生，不屬於覺悟者。

此處第一句說明，假使你執著於明、暗所產生的種種現象，就仍然愚癡迷惑。第二句則告誡我們，與理契合亦非覺悟。這裡的「理」意指將明暗視為同一，無二無別。若人不分別明暗，則與「理」相應，與「理」契合；但這也不是覺悟。

為什麼「契理」不是覺悟呢？契理可以算是世間的悟，稱為統一心。雖然這種經驗很有力量又很寶貴，但在佛教看來並非覺悟，因為其中還有自我，我們稱之為「大我」或「神我」（atman），也就是石頭禪師所謂的「理」，但是那不是覺悟，並未讓人從生死輪迴中解脫。

將這個理當作究竟眞理而緊握不放的人，很可能相信有眞實、不變、永恆的本性。然而，佛教的根本教義明白表示，沒有不變、永恆的自性，宇宙萬有的基礎是空性。其實，執著一個永恆、普遍而不變的理就是執著大我。

三、萬法含攝於一

（法）門門一切境，迴互不迴互。

我們都熟悉太極陰陽圖，也就是一半是白，另一半是黑的圓。一方面，陰、陽相隔互異；另一方面，陰、陽又都是同一個圓的一部分。雖然石頭禪師並未提到太極圖，但他也以類似的手法運用明暗這些符號。陰與陽、明與暗雖是對立或相反的元素，卻又彼此相互作用。

在繼續說明這詩句之前，我想先解釋兩個佛教名相——「法」與「性」，因爲這有助於釐清我接下來要探討的大部分內容。「性」這個佛教名相有很多意思，有時候指事物本來的模樣，如用於「自性」一詞中。雖然我們常說「尋找自性」，其實並沒有「自性」這種東西；實際上，自性就是法。「法」，不管在生理上或心理上，都沒有恆常不變的實體，因此根本沒有自性。從另一方面講，當諸法從因緣生起時，的確具備各自特有的「性」——這裡的「性」是指特性。

任何一法，不論是生理的或心理的，都有其特質、位置，以及（生、滅）經歷的軌跡。每一法都安住於自己的領域中。具有獨特性質、軌跡與領域的諸法彼此相互作用，這就構成了宇宙（法界）。此外，我們應該分辨兩種「法」，也就是英文Dharma與dharma的不同。第一個字母大寫的Dharma是指佛教教理、原則、方法等的主要部分，小寫的dharma則指任何現象或所有現象。需要明確指出的是，佛法（Dharma）實際上是若干現象（dharmas）的組合。

若看這兩句詩的英譯，你會發現第一句強調「門」，而「法」則置於括號中。其實應該強調「法」，不必提到「門」。每一法都含攝「一切境」，也就是所有的領域。在本質上，每一法都是其餘任何一法的一部分，彼此連結。這是什麼意思呢？

曹洞宗時常借用《易經》的術語與符號。《易經》中，以一條中斷的線（- -）代表陰或暗，而一條連續的線（—）則代表陽或明；這種線條符號稱爲「爻」，六爻組成一卦。根據《易經》，共有六十四種爻象組合的可能性，這六十四卦既代表一切現象，也可用來解釋所有現象。我們現在討論的是佛法，不是道家或《易經》，但這三者有一個共通點：

每一法或現象，無論小大，都是其餘諸法的一部分，彼此相連。

我說過，諸法或所有現象都是一切法的一部分，也與一切法相連，而一切法都是從陰陽所象徵的相對元素之間彼此互動而產生的。諸法因緣生，這些因緣本身也不斷改變，而且相互依存。事實上，沒有因、緣，沒有陰、陽的互動，諸法不可能生起。一件事物必須與另一件不存在的事物對照比較，才能存在；相對於「無」（不存在），才能確認「有」（存在）。另外，「有」、「無」的比較正是陰、陽的互動。

相對元素的匯合，並不代表它們會靜止於一處。太極陰陽圖給人的印象是流動、變動不居的本質，森羅萬象隨著因緣不斷變遷而生起、變異、消失，而且接連生起，與其他現象接觸。儘管如此，不管發生多少改變、互動，一切現象都屬於陰陽或有無所象徵的整體。本質上，萬物都在變，但從整體來看，一切皆不動。陰陽仍然同屬一圓，每一法皆與其他任何一法相互作用，也含攝其他任何一法。每一法都含攝陰陽所代表的整體，同時也生起於陰陽的互動中。

我們不能把法法視爲各自孤立的事件，視爲相對元素的單獨互動，《易經》強調陰陽的互動衍生無量無邊的現象。每一法從陰陽互動中生起，不斷與其他陰陽所生的諸法互動，而法法之間的互動也是陰陽所生。每一法不只是跟其他任何一法相連，同時也包含一切諸法，包含一切境界，包含整個全體。《華嚴經》說道：「一沙一塵皆含無量經典，一沙一塵都有一切佛法。」

佛教說，諸法因緣生。既然諸法從因緣生，就沒有不變的自性，因此諸法是空。正因爲諸法因緣生，我們才能認識到諸法的空性；反過來說，正因爲空性，所以諸法才能從因緣生起。要是諸法本質上不是空的，那麼它們就會是固定、恆常、不變的，如此一來，它們就不會隨種種因緣的聚合而生滅。事實上，（因緣所生的）諸法與空性相互依存，互爲因果。

「明」，代表空性，也就是「靈源」；「暗」，代表因緣所生的諸法，因爲諸法有障礙。諸法是在「有」的領域當中，而障礙及執著是「有」的一部分；空性則是光明的，因爲沒有任何執著或障礙。空性亦稱爲「理」，而因緣所生諸法則稱爲「事」（現象）。

我剛才說每一法都含有陰、陽，如果套用石頭希遷的說法，就是每一法都含有明、暗，或空、有。一般眾生執著於「有」，只看到諸法「有」的這一面；我們只見諸法或種種現象，卻看不見現象背後的因緣。但是覺悟的人則看到兩者，既見諸法，也看見使諸法生起的空性，因此他們不會執著於現象。

一般眾生不能體認每一法都含有一切境或領域，覺悟的人則看見諸法從因緣生起。覺悟者看到諸法從空性而生，因此他們體認每一法皆包含其他一切諸法，而每一法也都被其他一切諸法所包含。

這段詩偈的第二句說，諸法「迴互不迴互」。「迴互」或互動，意思是現象間相互關聯。例如，在同一房間的人呼吸彼此的氣息，所以是彼此相關的。這並不是說我們每一個人吸入所有的空氣——雖然經過很長一段時間後，這可能發生。如果擴大這樣的比喻，我們可以說每個人都與法界（整個宇宙）的一切有關係。你們可能很難理解或接受這一點，不過一切諸法是彼此相關，且相互作用的。

然而，這種關係的顯現或效果也許歷經數劫依然隱蔽不現。你我現在正在談話，我們之間的互動似乎立即產生效果；在此同時，你也正在和宇宙其他諸法互動，但這可能經過很長一段時間都不會清楚顯現，或甚至永遠也不會顯現。這就是這裡所謂「（有一些法）迴互」的意思。

這句詩偈又說「（其餘諸法）不迴互」，這是什麼意思呢？這可分爲兩種層次來理解：第一種層次是達到「一心」狀態的人，對這種人而言，並無迴互——沒有來、去，如如不動。萬法含攝於「一」；既然一切都包含在「一」裡面，實際上什麼事也沒發生。

第二種層次，是指已經證得「無我」境界的人。覺悟的人對於一切變動、相互關聯與作用都了了分明，但是因爲他已無自我，所以對這一切毫不執著，也絲毫不爲所動。

四、諸法因緣生

迴而更相涉，不爾依位住。

諸法不只在當前彼此互動，而且持續不斷地互動，層層擴展，綿延不盡；一法與其餘無量諸法互動，其餘諸法又一一與原先這一法互動，因此有「一法生（或導致）一切法」之說。換句話說，一法含攝一切諸法。這並不表示有一個最初的法，作爲其他所有法產生的源頭。雖然一法含攝一切諸法，你卻無法緊抓住這一法，而忘卻其餘諸法。

「相涉」一詞是指一切諸法。一法生其他諸法，但在此同時，其餘諸法又一一反過來導致最初的這一法。根本沒有最初的一法或是特別的法，每一法都包含一切諸法，而且引發一切諸法。假使事實並非如此，那麼我們就不能說無量諸法從一法生起。

假如你在修行時用某種方法（或法門）進入悟境，你其實就進入一切法門。但是你不能說只需要一種法門，不管其他的法門。好比說有四扇門可以進入禪堂，不管我選擇哪一扇門，都能進入禪堂，但是這不表示只需要一扇門。每一扇門都是進入這棟建築物的一個途徑，所以這四扇門都需要，雖在不同方位，卻都彼此相關。

雖然本質上一法含攝其餘一切諸法，但每一法都「依位住」，也就是有它自己的位置。當我任意挑出一法，說它含攝一切諸法時，這並不代表其餘任何一法都和它一樣位居同一個時空點。每一法都有它自己的位置、觀點、看法，因此融合不代表種種現象或諸法之間沒有差異，而是在每一法中都含攝所有的差異。

只有開悟的人才能眞正理解這種觀念，才能如實見一一諸法，沒有分別、執著。一法不異於其他任何一法，所以開悟的人見一法，即見一切諸法，但他也看到每一法都有它自己的位置。

有一次，仰山慧寂問他的師父溈山靈祐禪師：「百千萬境一時現前，怎麼辦？」溈山禪師回答：「青不是黃，長不是短，諸法各住自位，非干我事。」有無量諸法存在，各自有其獨特的位置與特徵，但開悟者絲毫不受影響。換句話說，開悟者自然、無造作地與諸法互動，但不執著於法。他也會生病，也會死，卻不執著病、死之苦。他以自在無礙的方式遊歷世間，與眾生、環境互動而無所罣礙。

未開悟的人對於「（諸法）迴而更相涉」這句話的眞正意思只有模糊的理解，因爲他們用的是智識，因此誤解佛法的本質。例如，我說過一法含攝一切法，但是如果你用邏輯思考，認爲在每一法中都有其他任何一法生起的可能性，那麼你就誤解這項開示了。事實上，一法在每個當下就已含攝一切諸法。

禪宗有一句話說：「一念具足十法界。」假如你讀到這段話，心想：「因爲我想到這點，因此我就能想到那點，然後又想到另外一點，如此源源不斷，最後我將可以理解十法界。」這樣一來，你又誤解了這句話。其實，你當下這一念就包含十法界，一念就含有你、你的自性、這屋子裡的每一個人、你認識的每個人，還有你所有的記憶、夢想、外境和整個宇宙。

當我說一法包含一切法時，你可能以爲「包含」這個詞是隱喻用法，其實我指的就是它字面上的意義。不管一念有多細微，它在時間、空間上都具有十法界，這是因爲對一切眾生、一切世界、天界、地獄與一切諸佛而言，眞如本性或佛性都是一樣的。

因此，不管是心法（心識）或是色法（生理現象）都含有一切法。

《華嚴經》說十方三世諸佛於一毫端轉大法輪，這不是象徵性的說法，而是確切的事實，沒有任何誇張渲染。如果我抓住身上這件僧袍的一根線，實際上也就抓住了整件僧袍。同樣地，既然一切法具有相同的本質，掌握一法就等於掌握了一切諸法，這並不表示掌握最初這一法就可一一通達其他一切法。這可不像雪球滾下山坡，愈滾愈大，我並不是藉由掌握一法而累積一切法，而是在抓住這一法的同時，就掌握了一切法。

諸法從因緣生；透過因緣，一法與其他一切法相連。因此，如果你抓住一法，就直接觸及其餘諸法。

色本殊質象，聲元異樂苦。

前文說過，世間種種現象可以追溯到陰、陽或明、暗彼此間的互動。所有的現象都是色的一部分，不離於色。「色」代表所有物質現象，每一色都具有獨特的形狀及形象，也都有各自的特性。這段詩偈的第一句暗指古印度哲學的一派（數論學派，Kapila School），這個學派宣稱所有現象來自數字的結合與互動，根據它們的主張，數字是「色本」，也就是宇宙中所有色法及現象的根本基礎。

詩偈第二句意指印度哲學的另外一派（文法學派，Vyakarana School），此派主張「聲元」——宇宙的基礎是聲音，宇宙本源自於聲音，而終究又將回歸聲音。因爲人有所不同，自然會聽到不同的聲音，這些聲音接著引發快樂與痛苦的感受。

此外，聲音發展爲語言，從語言中又產生更複雜的感受及認識——快樂來自奉承與讚賞，痛苦來自批評與責備。最初是統一的，但從統一產生差別。詩偈第一句是指形狀與形象的差別，第二句則是聲音的差別。

石頭希遷不是僅從理論的角度去談論本源上的色與聲，

而是直接從心境的體驗來談。表面上，我們可以說因爲眾生各有特性，所以人們聽到不同的聲音，而這些聲音又接著引發苦、樂的感受。這樣的觀念是眞實的，但有一種更深更直接的體驗，那相當於三摩地的體驗。

禪宗有時談到四種階段的悟境。第一階段稱爲「光音無限」，「光」就是「色」，在這個階段的悟境裡，這種無限的光並非一般人所見，而是宇宙渾沌未分前就存在的光。這種光毫無阻礙，但是我們看到的光是變異差別的森羅萬象之光，範圍相當有限。在三摩地聽到的聲音亦非一般人所聽到的聲音。我們自以爲聽到的聲音只不過是一種幻境，與天地渾沌未分前就存在的無限聲音大不相同。

從這種不變、統一的太初光音中，衍生出一切形體、形狀、聲音互異的種種現象。不過要瞭解這一點，必須處在第一階段的悟境。在寫這兩句詩偈時，石頭希遷匯集了所有以光、音角度談論現象與實相的哲學學派與靈修學派，不僅是上述兩種印度哲學學派，也包括了依靠咒語、名字及數字的所有修行實踐。石頭希遷並沒有駁斥這些傳統的教導，而是肯定這種修行的利益。他並未否定「變異生於一，復歸於一」。然而，禪的體驗卻超越了這些方法所達到的層次。

如果你停駐在這種光音無限的境界裡，那麼你仍有執著，依然住於色界中。即使是無色界也不是禪，一個人安住在甚深禪定的無色界時，還是對「住在空性」這個念頭有微細的執著，自我意識仍然存在。無色界定的空與禪宗的空是不一樣的。

五、心寂靜，智慧生

暗合上中言，明明清濁句。

「暗」這個字有時譯爲「隱（藏）」，意指被覆蓋的智慧；「明」，有時又作「顯（現）」，指智慧朗現。對一般眾生而言，智慧被煩惱覆蓋或遮蔽。智慧雖被遮蔽，但從來沒離開「上中言」。「上中言」指大乘（菩薩道）與聲聞乘（解脫道）的言教，此處沒有提到的下士道包括人界與天界。換句話說，雖然一個人還沒開悟時智慧仍被掩蓋，但此慧卻始終不離大乘道與聲聞道的悟境。

這段詩偈的第二句則說明，智慧的顯現是爲了無執著地分辨清、濁。暗與明、隱與顯、事與理、陰與陽、有與空等成對的相反詞，都被曹洞宗禪師廣泛運用，以區別開悟與未悟的心境。在這兩句詩偈裡，「暗」指「有」，「明」則指「空」。但如同之前我曾解釋過的，空與有並非相隔、分離的。

智慧被隱蔽，這是因爲眾生被外境種種現象所轉或吸引；這些現象本身不動，由於心動，外境才跟著轉動。心一動，智慧就被隱蔽；心若不動，則萬法靜止。《六祖壇經》有一則很有名的故事恰好可以說明這個觀念：有兩個和尚正爲風中飄動的一面幡旗爭論，其中一位說是幡在動，另一位則說是風在動，六祖惠能剛好經過，就告訴他們，是他們的心在動。因爲我們的心動，外境才跟著動。

《圓覺經》也說明同樣的觀念，但層次較淺，比較容易以理性思考來瞭解。這部經說，當雲在夜空中移動時，我們感覺月亮在動，雲靜止；同樣地，當我們坐船順流而下時，感覺好像河岸在移動，船沒動。這些譬喻形容一顆已經波動的心，由於虛妄不實的現象而更加迷惑。

更深一層來說，煩惱心創造新的業，結果又引發現象的波動；每一個現象，都是我們內心波動所造成的，因此現象存在只是因爲我們內心的造作。你們要瞭解，的確有客觀存在之物，例如我坐的這張椅子，並不是因爲我心動而憑空出現，而是我動盪的心看到了這團物質，並且添加種種心理造作——看見它、認識它、解釋它、賦予它意義。

「暗」代表煩惱，代表尚未開悟的眾生，不管這些眾生是否修行。暗的狀態稱爲「如來藏」，或「如來的倉庫」。「如來」，意思是「眞如本性」。雖然有情眾生沉浸在煩惱中，但他們內在含藏著如來，因此所有的眾生都有成爲阿羅漢、菩薩與佛的潛能。

我們還是有情眾生，所以處於「隱藏」的狀態。不過，我們本具如來藏──佛性，但這並不代表我們現在就是佛，或已經成佛，而是表示我們有開發自己佛性的潛能。當我們在生死輪迴的範圍時，說它是如來藏，因爲佛性還未開顯；開悟後，一旦了脫輪迴，我們說它是眞如。由於一切眾生都有如來藏，因此他們並沒有離開大乘道與聲聞道的覺悟眾生。

下士道、中士道（聲聞乘或解脫道）、上士道（大乘或菩薩道）三者有何不同？有人發願修行菩薩道，但結果可能走解脫道，甚至走到更低的人天道。在下士道中，仍有自我意識；不管修習的是戒、定或慧，只要還有「我」牽扯其中，仍然在下士道。假如有人修行是爲了變成佛、菩薩、祖師或開悟，那麼此人仍然執著於自我意識，這些都是下士道凡夫眾生愚癡迷妄的想法。

下士道也不錯，它包括自我意識依然存在的每一層次，上至天界，下至地獄，從殺人兇手到聖者，從未曾聽聞佛法者到證得一心的人。這些眾生都有自我，所以都處於「暗」，只是程度不同而已。然而，下士道雖然被煩惱所覆蓋，卻不離中士道與上士道的清明狀態。

菩薩道與解脫道有何不同呢？有些人認爲涅槃始於成佛之際，此後永遠不會結束；他們也以爲生死輪迴從無始來就已存在，到成佛時才停止。換句話說，生死輪迴無始有終，而涅槃有始無終——這是解脫道或聲聞乘的看法。

這樣的誤解是可以理解的，因爲佛教經常如此描述修行道：修行人了脫生死，進入涅槃。這麼說好像生死與涅槃是分開的，是兩種截然不同的狀態或地方。菩薩道或大乘則告訴我們，涅槃、生死皆無始無終，生死與涅槃其實完全相同，而「了脫生死，進入涅槃」是一種方便說，實際上，生死即是涅槃，煩惱即是菩提。其實，沒有所謂的生死與涅槃，也沒有所謂的煩惱與菩提。

「明」或「顯」表示全然寂靜、完全光明。在這段話中，「寂靜」代表涅槃，是修行人到達不爲任何一物所動的狀態，完全靜止，純然是空，這是「十牛圖」的第八圖那空無一物的圓所描繪的境界。「光明」，則代表智慧，只有內心寂靜時，智慧才會生起。

智慧顯現於對眾生的回應；智慧具有力量，能分辨煩惱與解脫煩惱，但它不是爲了開悟的人而顯現，而是因應未開悟者的需要，自然而不造作地顯現。沒有智慧的光明狀態是眞空，假使一個人處在全然寂靜而無智慧的狀態，那麼此人就不能在世間產生作用，這樣的人已入涅槃，就像聲聞乘的大阿羅漢。

這些道顯現不同層次的「明」或智慧。不過，理性思考與邏輯分析都不是眞智慧，同樣地，下士道的任何體驗或理解也不是眞智慧。仍然行於下士道的人可能修成神通，但那不是智慧的產物；相反地，假使中士道或上士道的修行者達到神通，那就是智慧所發揮的功能。

事實上，神通原本直譯爲「明」，經典提到三種明，第一種是「天眼明」，代表洞悉無盡未來的能力，第二種明讓開悟者能看到無盡的過去世❷，第三種明是不再有「漏」（或煩惱）的能力❸。只有佛陀具備這三種明。

從修行聲聞乘而得到的智慧是一種小明，不是大乘開悟的大智慧。聲聞乘的開悟者清楚看見淨與不淨之間的差異，區別涅槃與生死；他們雖已解脫貪、瞋、癡，卻仍然起分別。大乘修行人則不同。大乘的開悟者雖然藉由修行開啓智慧，而能分辨淨與不淨，但他們不爲自己起分別；他們作種種分別，目的是爲了引導一般眾生步上大徹大悟的道路。

六、在動中見不動

四大性自復，如子得其母。

我們知道「四大」就是地、水、火、風，但「性」是什麼意思呢？在這裡，我們可從兩種角度來瞭解這個字。從哲

❷ 即「宿命明」。
❸ 即「漏盡明」。

學的角度，我們可以說世上每一法都有它的自性，或它自己的特質。例如，水有濕的特性，火有暖的特性，風有動的特性，地有堅固的特性。從佛法的角度，「性」表示諸法的自性或本性。諸法的自性是空性，換句話說，依據佛法，沒有眞實的自性。

以下偈誦，源於佛教的中觀宗：「諸法因緣生，不得言有；諸法因緣生，不得言無。」

就一般眾生的觀點，現象存在，而且各有其自性；佛法則說諸法（現象）無常，從因緣而生，因此沒有實體。世俗的智慧說四大存在，是所有現象的基本元素；佛法則說即使四大也是從因緣而生，所以四大與四大所造的現象也都是空。

四大與自性的關係，就如同母子關係般親密，我們不能只看四大而不管它們的自性，也不能只看自性而不管四大。沒有孩子，就沒有所謂的母親；沒有母親，孩子也不能存在。

沒有受過心靈訓練或哲學訓練的人，只能看到四大互動的表象，因此非修行人的這種凡夫心經常被外面的現象擾動。修定的人或受過其他心靈或哲理訓練的人，有時會更爲深入地觀察世間，他們清楚看到四大是所有現象的基礎。這種人能體驗到一心或不動心的狀態，在這樣心境下，他們會感受到自己與萬有是一體，區隔認知者與認知對象虛妄不實的障礙或分別心，會減低或完全消除。儒家有句話把具有這種知見的人形容得很貼切：「人飢己飢，人溺己溺。」基督教顯然也是這種態度。雖然這不是禪，但仍是有價値、有深度的經驗。

中國佛教史上著名的僧肇法師（西元384～414年）著有《維摩詰經註》，他在書中引述《維摩詰經》：「我觀如來，前際不來，後際不去……六入無積……不在三界。」這段經文形容禪的經驗：開悟者看清了四大，卻也知道四大並非實有。

「六入」表示眼、耳、鼻、舌、身、意，「三界」則等同五蘊；「六入無積，不在三界」的意思，是不再將六根、五蘊視爲實有。然而，瞭解六根五蘊是空並不代表要捨棄或忽視它們。眞正開悟的人不會離開生死，而是留在世間幫助眾生，但心中卻沒有「有眾生應被度化」的念頭。這是至高無上的法，跟其他傳統不一樣，因爲修行無上法的人體證現象與四大背後的空性，明瞭空性與從空性生起的現象不可分開，沒有不同。正如《心經》所說：「色不異空，空不異色；色即是空，空即是色。」

開悟的人同時看到現象的有、無；他們看到所有現象永遠都在變動，同時也看到它們是不動的。

僧肇在他另一部著作《物不遷論》中說道：

旋嵐偃嶽而常靜，江河競注而不流，
野馬飄鼓而不動，日月歷天而不周。

這裡描述的運動來自四大。開悟的禪修者不會否認四大的變動，但他們在動中看見不動。

禪宗有句話說：「東山下雨西山濕。」這可從一心與無心兩方面來解釋：在一心時沒有分別，看到東山與西山是一樣的，因此當東邊的山下雨時，西邊的山淋濕。在無心或禪的狀態中，東山與西山都無自性，沒有所謂東山、西山、雨等事物，哪裡下雨、哪裡淋濕也沒有什麼不同。在某一個層次上，你可以分辨諸法，說「這個是什麼」、「那個是什麼」——現象與四大確實存在，但實質上它們並非眞實的存在。

看待現象有三種層次。第一層包括一般被現象迷惑的眾生，他們不瞭解自己，也無法自我控制，受制於現象的變動。第二層次涵蓋比較能掌握現象的修行人，他們與外境合一，不對主觀與客觀起對立分別。第三層次包含的是開悟的人，他們已從現象解脫，但不會否認現象的存在。

實際上還有另一種層次，聲聞乘的阿羅漢也從現象解脫，但他們不再留在世間，而是進入大空——涅槃。大乘的體驗或禪的體驗不同於聲聞乘的層次，雖然完全覺悟者仍然停留在現象界中，但不爲現象所觸動。

再引僧肇的另一段話來說明這種禪的觀念：「雖動而常

靜，不釋動以求靜，故雖靜而不離動。」換句話說，雖然現象在動、在改變，並且相互作用，本質上它們是空的、不動的、沒有改變的。這句話的後半段又說，沒有一樣事物是恆常不變的，所有的現象都不斷地生滅。

有一種禪修方法稱為「默照」(「默照」並不是日本的禪修法門「只管打坐」)，由宏智正覺禪師（西元1091～1157年）所創。

默照結合了動與不動：「照」，是一種觀照的過程，因此是動態，觀照的對象也同樣處於動態；「默」，是靜止不動的狀態，只有當一個人「默」或不動時，才能眞正觀照現象變動的眞實本性。宏智正覺將動與靜止結合成一種可以實修的方法。

下面這幾句偈頌不難理解：

火熱風動搖，水濕地堅固。
眼色耳音聲，鼻香舌鹹醋。

前兩句指四大，後兩句指六根與其對象（六塵）；石頭希遷將這些合併在一起，指的是所有的現象：四大、五蘊、十八界（六根、六塵、六識合稱十八界)。

這段詩偈談的是世俗義的自性，形容四大與六根的特質，這些是諸法的功能與特性。但從禪的角度來看，這一切全是因緣所生，因此皆爲虛妄無常，沒有眞實的自性，也沒有任何實體。

然依一一法，依根葉分布。
本末須歸宗，尊卑用其語。

這段詩偈所講的「葉」，代表四大、六根、六塵各有其獨特的功能與特性。什麼是「根」呢？我們前面提到，「性」有兩種：第一是諸法的獨特本質，這種本質是暫時的，隨著因緣變化而改變；第二是諸法的自性或基礎，這是不動的。每一法各隨因緣而生滅，但就像一棵樹，所有樹葉都來自相同的根，「根」就是一切諸法的基礎，它是不動的。

此處前兩句說明「有」來自於「空」，「葉」代表受因緣影響的諸法，「根」代表諸法賴以生起的空性。「有」來自於「空」，同時也透過「有」，我們才能認識「空」。

接下來兩句，正好與剛才第一個觀念相反。它說我們可以從「空」見到變動的諸法從因緣所生。禪修時出現的是哪一種認知呢？是看到「空」在「有」中？還是看到「有」從「空」生起？是先體證空性，然後向外觀而見諸法？還是在觀察諸法時見空性？只強調第二種，也就是「有」從「空」生起，這是聲聞乘中緣覺的看法，因爲他們見一切法皆虛妄不實，所以永久進入涅槃。

事實上，根、葉相同。爲方便討論，我們使用以下這兩個名相：勝義諦（究竟眞理）與世俗諦（世間眞理），也就是偈頌中的「尊」、「卑」。這兩個名相完全相同，都只是用來幫助解釋概念的字詞而已——這是「本末須歸宗」眞正的涵義。

勝義諦與世俗諦是同一個東西，但又彼此互動。「明」、「暗」也是如此，無彼就無此，沒有「明」就沒有所謂的「暗」，它們可以是二，但永遠無法單獨存在。「根」、「葉」的譬喻亦復如是。最高的佛法超越所有的分別。

大乘看聲聞乘，認爲它層次比較低，但在禪的立場看來，大乘與聲聞乘是一樣的，葉不離根，根不離葉。

另舉一個譬喻，夫、妻不能單獨存在，要依賴彼此才能成立，沒有丈夫就沒有妻子，沒有妻子也就沒有丈夫。「空」與「有」也是同樣的，只有相對於「空」，才能建立「有」，而只因爲「有」才能成立「空」；「空」屬於「有」，「有」屬於「空」，兩者形成彼此互動的二元關係。

你看到「有」，然後才看到「空」嗎？還是先看到「空」，然後才看到「有」呢？這兩者不一樣。當你正在修行時，必須先經驗到某些東西。當你開悟時，洞悉的是哪一種性？

通常，當人們剛開悟時，最先洞悉的是空性，但這不是最高的悟境，只是一個開端。南傳上座部佛教的修行者透過現象的分析而體證空性，這樣的空稱爲「析空」，這不是禪的體驗。

在禪的悟境中，你體驗到的是「有」不異於「空」，同時既沒有「空」也沒有「有」。假如你只看到空，那麼這是「外道」的經驗。以禪的體驗來說，現象仍然在那裡。你看見現象，並且與現象互動，但在你心中這些現象都是空。雖然諸法皆空，但在那個當下卻歷歷在目。

上述觀念是佛教中觀派的一部分。中觀被認爲是佛教最高的哲學，但它主要是觀。中觀重思辨，而禪重體驗。對知見有障礙的人，中觀提供的方法是直接作觀。中觀派的修行人透過思辨，可直接體證智慧，但層次不如透過「禪」的方法所體驗的深入。禪不用觀，而是直接實踐與體驗。不過中觀的方法也能讓人得到解脫。事實上，只有曾經深入體悟的人才能夠清楚理解、談論中觀哲學。

七、智慧不離煩惱

當明中有暗，勿以暗相遇。
當暗中有明，勿以明相覩。

這幾句詩偈淺顯易懂。在黑暗中有光明，在光明中有黑暗，「明」、「暗」相互依存。這很容易理解，但在現實的經驗中，並沒有這樣的東西，假如你關掉房間內所有的電燈，則一片黑暗；假如你把燈打開，則只有光明。

請回答下面這個問題：未出生前，你擁有與目前一模一樣的身體嗎？你分分秒秒都在改變，甚至連一分鐘前的你都和現在的你不同，所以你現在的身體顯然跟你出生前不一樣。用邏輯思考，你可能承認沒有所謂「你的」身體這種東西，你會發現自己的心也是這樣。

因此，沒有所謂「你」這樣的東西。假如你僅僅接受這樣的觀念並執著它，就是「外道」見解；只見空性而不承認自我，這是嚴重的誤解。

假如光明與黑暗是分開的，當我將電燈打開時，黑暗就應該完全消失，光明永遠存在，再也不會有黑暗。然而，在黑暗中仍有光明，而當我開燈時，黑暗依然存在。實際上，明、暗是一體，不能分割。假如我要某一個人離開房間，這並不表示那個人從此就不存在了。

事物相對於其他事物而存在，事物之所以存在是因爲我們起分別。人們區分煩惱與智慧，並且努力遠離煩惱而得到智慧。事實上，煩惱與智慧只存在我們心中，因爲是我們區別這兩者的。由於煩惱，智慧才能成立，反之亦然。在究竟上，兩者是相同的。

《六祖壇經》說：「生死即涅槃，煩惱即菩提。」這些是大乘的思想，這些話不是禪法，因爲仍然在分別。而勝義諦沒有生死、涅槃，涅槃與生死、煩惱與菩提，全部是一體，在究竟眞實中，根本沒什麼可說的。

明暗各相對，比如前後步。

明與暗彼此相對，但不代表兩者固定不動地相互對立，而是彼此相互作用。我們走路時，雙腿必須合作，一腳得跟著另一腳，一腳在前，另一腳必定在後，而且要往前走，兩腳必須不斷地前後移動，不能固定在同一位置上。同樣地，你無法分隔涅槃與生死、智慧與煩惱。禪在世間，同時也有別於世間；禪有別於世間，卻也不離世間。

我現在用世間的例子來解釋勝義諦，但在究竟上，我所說的一切都無法表達眞實的意義。世間法不能拿來與禪法相比，究竟的道理是無法解釋的，你必須親身體驗。

聲聞乘修行人精進努力以了脫生死，進入涅槃；開悟的大乘修行人儘管已經體證涅槃，卻仍然住在生死中幫助其他眾生，他們不會逃避生死。最殊勝的佛法不同，它說生死是一體，沒有分隔生死與涅槃，也沒有分隔煩惱與菩提這種事。

假如智慧與煩惱是一體，那是不是表示我們不需要修行了？言教的聽聞與概念的思惟不是眞實的經驗，要眞正瞭解煩惱與菩提是一體，就必須修行，你必須直接去體驗。

萬物自有功，當言用及處。

這段偈頌是從分別的角度來談論現象。分別有兩種：第一種是有執著的分別，這是虛妄的分別，是一種煩惱；第二種是智慧展現的分別。從智慧生起的分別是爲了要幫助眾生。佛教時常提到身、口、意三業的大用，開悟者運用身、口、意這三方面的機能來度化眾生。

完全覺悟的人不會像一般眾生那樣分別，他們不用執著心來分別，也不用二元對立的角度看待世間。一般人認爲已經解脫者像平常人一樣行動、分別，其實，開悟者與未悟者之間的互動本身就是分別，然而完全覺悟者不會執著現象。他們對現象有所回應，但心中了無執著。在我們看來，這些人跟一般正常人沒有不同，照樣吃飯、睡覺、走路、說話、工作、歡笑，但他們身、口、意的行爲來自於智慧，不是執著。

他們對外境的反應是立即、自然而不造作的，沒有經過智識的分別。他們的行爲是源於智慧的立即直覺反應，而且基於他們的悲願，回應眾生的需求。徹底覺悟的人不是一塊木頭或一具死屍，他們完全清醒，也時時充分發揮其功能。

我前面說過，每一法有兩種自性，一種是共通於萬法的自性，也就是空性；另一種是每一法獨有的特性，這是虛妄不實的自性。覺悟者見空性，在他們眼中，法法都相同，沒有差別，但他們也清楚覺知各別諸法或虛幻的法。他們認知每一法都各有特性，他們並非傻瓜，他們知道水與火的不同；但虛妄不實的諸法，不會干擾或動搖開悟的人。

開悟者不受外境所支配，卻仍然與外境互動。如果你問一位開悟的禪師他叫什麼名字，他會回答你的問題。在這方面，他與你沒什麼不同，火一樣能燒傷他的身體，但絲毫無損於他的眞實本性。

八、修行並無終點

事存函蓋合，理應箭鋒拄。

事不離理，理不離事；現象含有理則，理則也從未離開現象。此處第一句說「事存函蓋合」，也就是在現象中有被封閉、掩蓋、結合之物，那就是理。第二句提到的「箭」、「鋒」（刀劍）、「拄」（柱杖）指的是現象，即從空性生起、顯現於表面之物。

現象內含理則，眾生內在的理有時稱爲「如來藏」，所有世間法皆內含空性這種自性。

未開悟的人無法察覺這個理。在初次開悟後，修行人往往會認爲這個理或空性是與現象分開的，他們將空性本身視爲一個實體；但這是錯誤的。

假如理與事是分開的，那麼眾生永遠是眾生，永遠不能成佛，佛的境界永遠遙不可及。

佛教某些宗派認爲有些眾生永遠不能成佛，這點大乘佛教不認同。大乘認爲所有的眾生都有成佛的可能，萬物皆有佛性。如果石頭與雲都有佛性，那麼眾生當然也有佛性。

假如有人不相信佛，是不是這個人就沒有佛性呢？不，不僅所有眾生都有佛性，而且人人都是菩薩，這是因爲每個人的立場、心態、行爲及信仰都是暫時的。這一生有人或許不學佛，但仍然有成佛的可能，最後終將走上菩薩道。因此，所有的人都是菩薩。

許多人相信有好人與壞人，但最後所有的人都將回歸其眞實本性。同樣的，不管現象多麼虛妄不實，它們從來沒有離開空性。沒有現象，空性就無法存在；空性只有在現象中才找得到，離開現象，人們無論如何都看不到空性。

承言須會宗，勿自立規矩。

不管你讀什麼、學什麼，不管佛法如何解釋，這些全都是方便的教法。我談到了開悟與修行，但這些都離開根本的理。我們一說話、一運用心識，就要清清楚楚知道自己正在分別，而根本的理是無分別的。因此，能夠被描述的都只是一種方便法。

佛法，是爲了還沒開悟的人而存在的；道，是爲了仍然行於佛道的人才有的。完全徹悟者瞭解，道並非眞實道，而是爲了需要教導的人所說的一種方便法。

鳥飛過天空時，不會留下痕跡，牠出現之前沒有痕跡，飛去之後也不留痕跡，可是我們還是談到鳥經過的途徑。佛陀說的法以及祖師傳下來的道就像鳥留下的痕跡，假如你說有所謂的佛道，那是不正確的；但是若說沒有所謂的佛道，那也是不正確的。

我們不應該執著佛陀所講的話。佛陀從未說過他曾說聖義諦，實際上，他甚至明白表示，在四十九年的說法中，自己未曾說過一字，他的教法只是一種方便法。他還說，他的話就如同藥，用以對治不同時機、不同病症。

觸目不會道，運足焉知路。

理與事不是對立的兩端，而是彼此互動的。假如你依賴眼睛，就無法理解事象背後的理；假如憑藉感官與分別心，也看不到諸法賴以生起的空性。

假如你只依賴雙腿，就不知道自己當下行進的方向。換句話說，若修行而對佛法沒有正知見，則將會迷失，誤入外道。許多人修行是爲了達到目標，我常告訴修行人說，修行的目標就是修行，沒有其他目標。修行本身就是道，假如修行時沒有目的、沒有期待、沒有執著，那麼理、事就相應了。

九、時時精進修行

進步非近遠，迷隔山河固。

人們剛開始修行時，通常會問我要花多久時間才能開悟，或從精進修行中得到利益。他們以爲參加禪七共修會縮短修行的時間，這其實並不正確。

起點就是終點。迷惑時你位於起點，一旦開悟，立即在終點；當煩惱再起時，你又回到起點。舉例來說，惠能未遇到五祖前就開悟了，他在正式修行之前，已經位於終點。

惠能繼承五祖衣缽成爲六祖後，不得不逃離，以躲避妒嫉的師兄弟。有一位名叫惠明的出家人追上他，向他求法，這時惠明還有分別心，還在起點。惠能問他：「不思善，不思惡，正與麼時，哪個是明上座本來面目？」聽了這句話，惠明馬上開悟，在那當下，他就在終點。

假如你在當下「悟」了，那麼你已經在終點。修行人不應該失望或焦慮，因爲這種念頭及感覺會造成如高山大河般的障礙。相反地，假如你一無所求，無愛無憎，那麼你立即開悟。

如此正確禪修的人只爲修行而修行。人們問我：「假如修行本身就是目標，那麼修行完畢後要做什麼呢？」修行是無終點的。佛陀已有無量智慧德行，仍然教化眾生，這就是他的修行。

修行不該有任何目標，你不應該想：「我只要開悟，如此我就滿足了。」假如你這樣想，即遠離道，遠離開悟。這樣的想法，將在佛道上造成無法翻越的高山、無法橫渡的河流。假如你不抱任何目的，只是修行，當下此刻即是解脫。

有句話說：「一念相應一念佛，念念相應念念佛。」若一念生起執著，即與佛遠離。

最後的一對詩句是：

謹白參玄人，光陰莫虛度。

石頭希遷苦口婆心地勸修行人不要浪費時間，當你心懷執著或有得失心時，就不能瞭解菩提與煩惱是一樣的。人生苦短，佛法難得，要精進修行。所以，不管在禪修或日常生活中，要運用每一個清醒的時刻來修行，將日常生活變成修行，否則都是浪費時間。

洞山良价〈寶鏡三昧歌〉

〈寶鏡三昧歌〉正文

洞山良价禪師

如是之法，佛祖密付。汝今得之，宜善保護。
銀盌盛雪，明月藏鷺，類之不齊，混則知處。
意不在言，來機亦赴。動成窠臼，差落顧佇。
背觸俱非，如大火聚。但形文彩，即屬染污。
夜半正明，天曉不露。為物作則，用拔諸苦。
雖非有為，不是無語。如臨寶鏡，形影相覩。
汝不是渠，渠正是汝。如世嬰兒，五相完具。
不去不來，不起不住。婆婆和和，有句無句。
終不得物，語未正故。重離六爻，偏正回互，
疊而為三，變盡成五。如荎草味，如金剛杵。
正中妙挾，敲唱雙舉。通宗通途，挾帶挾路。
錯然則吉，不可犯忤。天真而妙，不屬迷悟。

因緣時節，寂然昭著。細入無間，大絶方所。
毫忽之差，不應律呂。今有頓漸，緣立宗趣。
宗趣分矣，即是規矩。宗通趣極，真常流注。
外寂中搖，係駒伏鼠。先聖悲之，為法檀度。
隨其顛倒，以緇為素；顛倒想滅，肯心自許。
要合古轍，請觀前古。佛道垂成，十劫觀樹。
如虎之缺，如馬之馵。
以有下劣，寶几珍御；以有驚異，黧奴白牯。
羿以巧力，射中百步；箭鋒相值，巧力何預？
木人方歌，石女起舞；非情識到，寧容思慮？
臣奉於君，子順於父；不順非孝，不奉非輔。
潛行密用，如愚如魯；但能相續，名主中主。

〈寶鏡三昧歌〉簡介

〈寶鏡三昧歌〉是禪佛教曹洞宗祖師洞山良价的著作，我不準備探討這位悟道禪師的生平與開悟經驗，只想把重點放在這首詩歌本身。不過在講解之前，我先扼要敘述整首詩，並且釐清它在佛教史上應有的定位。

〈寶鏡三昧歌〉屬於中國禪宗的曹洞宗。日本臨濟宗與曹洞宗分別源自中國禪宗的臨濟、曹洞二宗。雖然中國禪宗與日本禪宗大致相同，我們卻不該認爲它們完全相同。西元十三世紀，日本曹洞宗初祖道元禪師（西元1200～1253年）與臨濟宗的開山祖師榮西（西元1141～1215年），將曹洞宗與臨濟宗的禪法傳入日本；而在接下來的幾世紀期間，日本歷史與文化影響了臨濟宗與曹洞宗的發展。在這篇註釋中，我只談曹洞宗，因此難免會忽略其他宗派，但我絕無意輕視或貶低佛教其他宗派的重要性。

儘管曹洞宗是「頓悟」的宗派，卻非常強調哲理。《五家宗旨纂要》（西元1857年作，作者不詳）的第一章，提到臨濟宗與曹洞宗兩者間的比較。根據該文，如果只修行臨濟宗的方法，而不懂曹洞宗，那麼這個人就像禪宗所謂的「野狐禪」。

同樣地，假如只修行曹洞宗的方法，而對臨濟宗一竅不通，那麼這個人將迷失在教理之網中，迷失在文字與語言裡。因此要禪修成就，必須瞭解臨濟、曹洞二宗。假如能夠精通這兩宗，那麼自然也能理解禪宗的其他三宗——潙仰、雲門、法眼。過於勇猛地修學臨濟宗或曹洞宗可能很危險，但這項事實並不代表一個人一定要兼備臨濟、曹洞二宗的修學，而是點出這兩個宗派修行法門的不同。

野狐禪意指有一種人，他們讀了一些公案而無實際體驗，即宣稱不需要經典，不需要聽聞佛法，或甚至不需要修行方法。他們宣稱禪超越這一切，而且也相信自己不需依靠佛法就已進入禪境。有這樣愚癡觀念的人，其談話內容類似祖師大德的法語，但實際上他們並未真正瞭解，他們講的都是空談。

另外一種極端，是依循富含哲理的曹洞宗修行者，這種人並沒有參透此宗的教理，而是被語言文字所困住。

大部分的大乘佛教宗派都會借用其他思想學派的術語(諸如印度各傳統思想、道教、儒家等),來解釋禪的修行層次與觀念,尤其是曹洞宗。例如〈寶鏡三昧歌〉就借用《易經》中的一些觀念。

曹洞宗的教理很難深入,因為要透徹瞭解必須要懂得其他許多教派與思想傳統。如果對其他傳統的思想不熟悉,很難深入曹洞宗的教理。斷章取義的錯誤解釋也是一種危險,所以即使熟悉《易經》、道教、儒家的人也必須小心謹慎,他們還必須理解禪的基本觀念。假如禪修者不依照禪的教理,將會把道家或儒家的思想當作禪。因此,一個人在學習曹洞宗的教法時,必須要格外小心。

〈寶鏡三昧歌〉這個篇名值得特別注意。為什麼洞山禪師會談到寶鏡呢?佛教常以鏡子為象徵,經典中提到一面古鏡,年代極為久遠,以致完全被塵土覆蓋;此鏡非常古老,以致人們已經忘記自己擁有這樣的寶鏡。

有一則公案談到一對師徒行腳穿越一座山時,看到一群猴子,師父就說這些動物眞可憐,因為牠們雖然身懷古鏡,卻在迷惑與無明中打轉。

《楞嚴經》也有一則故事以鏡子為象徵。有位女子某天早上醒來從鏡子裡看到自己的影像時,感到非常害怕,因為她不認識鏡子裡的人。過了一會兒,她才瞭解:「原來那是我自己的頭!」她揉一揉眼睛,再看一眼,但這回她的影像又不見了，情急之下，她瘋狂地四處搜尋自己的頭。

這兩則故事有所不同，但都用鏡子作爲象徵。在女子與鏡中像這則故事中，鏡子是身外之物，她忘了自己的頭還在肩膀上，以爲頭在鏡子裡面；實際上，她忘失了自己。在猴子的故事裡，鏡子指的是我們的眞如本性，雖然我們從來沒看過這面鏡子，但它一直都存在。在〈寶鏡三昧歌〉中，鏡子象徵的涵義比較接近猴子的故事。寶鏡即是我們的眞如本性，它之所以是「寶」，是因爲不管它被隱藏、遺忘、塵封多久，都不曾失去映照的功能。

這面寶鏡不是普通的鏡子，因此這個比喻必須加以闡釋。普通的鏡子有一定的形狀與尺寸，還有正面、背面之分。但這面寶鏡沒有界限，無法以形狀、尺寸等加以界定。

早期有些禪師也用圓象徵此眞如本性。歷來記載的公案經常描述師徒間的問答，弟子詢問禪師佛是什麼、自性是什麼，或是佛法的本質是什麼。對這類問題，有一次，一位禪師用手指圈成一個圓，然後作勢將它丟掉。還有一次，另一位禪師用手杖在地上畫了一個圓，然後把它擦掉。圓代表圓滿的東西，但這個象徵符號是有限的，因此禪師們畫圓之後又捨棄了圓。人不可執著教理，而分不清象徵符號與實相。圓與鏡都不過是眞如本性的象徵符號而已，用以提示重點之後，就必須予以捨棄。

寶鏡是一種象徵，代表諸法的根本、一切眾生的根源、諸佛的本質。其他還有許多名詞、術語，也都用以指稱這同樣的東西。我會因應不同的時機，稱之爲自性、清淨性或本性。

它在《華嚴經》中稱爲「一眞法界」，在《法華經》中稱爲「眞如一實」，《涅槃經》中名爲「大般涅槃」、「祕密藏」或「佛性」，《楞嚴經》稱作「如來藏」，而唯識宗稱之爲「阿賴耶識」或「大圓鏡智」。然而，最終要記住的是，這些都只是名相而已。

根據我們對「寶鏡」涵義的瞭解，似乎以「寶鏡歌」作爲詩題就夠了，但洞山禪師卻將這首詩歌題爲〈寶鏡三昧歌〉。在此詩題中，「三昧」就像「寶鏡」一樣，背後含有特別的意義。三昧是指寶鏡的力量，只有當一個人達到最深層的三昧時，這種力量才會顯現。到了這個階段，所有執著皆已脫落。這種力量表現在兩方面，它一方面祛除煩惱以自利，另一方面幫助別人發覺自己的寶鏡以利他。這就是寶鏡三昧，也就是寶鏡的力量。

〈寶鏡三昧歌〉釋文

一、處處鍊心，勤拂心鏡

有些佛教作品以詩或歌的形式呈現，其中最有名的或許是〈永嘉證道歌〉。以詩歌方式寫成的教理很容易傳達給別人，而且詩歌也幫助讀者迅速徹底吸收佛法。

在曹洞宗，〈寶鏡三昧歌〉用於師徒間的傳法，想修學曹洞宗教理與修行方法的人必須研讀、背誦這首詩歌。

現在進入這首詩歌的正文。頭兩句是：

如是之法，佛祖密付。

這兩句敘述佛法被祕密傳付，而非公開的宣說，這有點像兩個人約定的暗號，只有彼此才能理解。歷史上的最初傳法，發生在釋迦牟尼佛與他的弟子大迦葉之間，當時佛陀正對諸位大弟子開示，然後在法會大眾面前拈花不語。對此，所有聲聞弟子都大惑不解，只有一個人除外，那就是大迦葉。唯有他體會佛陀的意思，報以微笑。佛陀就這樣將法傳給了大迦葉，也就是禪宗初祖；後來大迦葉又傳法給他的繼承者，如此代代相傳，直到現在。

自佛陀以來所傳之法就是「寶鏡三昧」，也就是眞實本性。此法只有開悟的佛教徒、祖師、禪師才知道，所以它是祕密，了知者唯有付法的祖師與受法的弟子，並未完全理解佛法的人根本不知道發生什麼事。釋迦牟尼佛拈花，大迦葉微笑，佛法就此傳付，除了他兩人之外，其他沒有任何人理解。

然而根據經典，佛法爲一切眾生本具，不勞佛陀傳付，不需師徒相傳。禪宗相信，並沒有任何佛法傳付予人；法就在我們內在，所以不需傳付。那麼〈寶鏡三昧歌〉此處的「密付」指的是什麼？確實是有傳付的正式儀式，但那只不過是一種儀式而已。禪師並沒有眞正傳給弟子什麼東西，儀式只不過確認弟子達到了與師父相同的見解，而師父給予印證認可。

這好比學生畢業時所領的畢業證書，它代表這個學生所受的教育，證實他已就學一段時間，並且通過了考試。但證書本身並沒有價值，它不是知識，只是一個象徵。唐朝的韓愈寫了一篇關於爲人師表的文章〈師說〉，文中提到老師或師父的功能就是傳道（或眞理）、授業、解惑。後來明朝佛教的藕益禪師批評這篇文章，他說爲人師者的確具備授業、解惑這兩種功能，但是人無法將佛道傳授給另外一個人；處處皆有道，無論在灰燼裡、土裡或頭髮裡。

那麼，這個「道」究竟在哪裡？在陶壺、火爐裡嗎？在你頭髮裡嗎？這是否表示剪了頭髮，就讓這個「道」縮減呢？像我沒有頭髮，怎麼辦？假如你不僅剪掉頭髮，甚至進一步把頭砍下，難道就能祛除「道」嗎？不，這是愚癡，砍頭無異自殺。

但這的確產生了一個很有趣的問題——殺生可能是「道」嗎？假如我們認爲「道」是做事的方法或到達某處的途徑，那麼殺生就不可以被視爲「道」；但假如我們將道理解爲究竟實相，那麼依照這個意義而言，就沒有所謂的殺生或不殺生。

只要還有善惡、對錯等觀念，則仍然有執著。假如你認爲殺生是惡，助人爲善，那麼你仍然依賴一般眾生的想法；眞正解脫的人，對善與惡這樣的觀念沒有任何執著。

鏡無量無邊，它是佛性、眞如；它可以有色（具有形體），也可以無色（不具形體）。色與無色，眾生與非眾生，都與佛陀一樣具有相同的圓滿自性，與佛陀一樣具有相同的圓滿智慧。

汝今得之，宜善保護。

這兩句是師父對弟子的忠告。一眼瞥見寶鏡並非成佛，弟子或許有開悟的經驗，但這並不是徹悟；當煩惱生起時，悟境就不見了。因此，當師父印證弟子的體驗時，同時也給予警告。

這樣的經驗有得有失，弟子所得到的是對寶鏡的見解或體驗，師父也印證了某種層次的體驗；但這樣的體驗若無精進修行的維護，將會消失不見，通常這就稱爲「頓悟漸修」。

一面乾淨的鏡子會如實映現，沾滿灰塵或蒸氣的鏡子則不再映現。每個人都想要自己的鏡子永保乾淨，卻不可能永遠如願，相同的道理也適用於佛性。所以，假如你親見自己的寶鏡，要好好保護；否則，它會再度沾滿煩惱的灰塵或蒸氣。但是如果你已瞬間瞥見自性，又看著它消失在層層的煩惱中，也不用失望，因爲發現寶鏡而後失去，總比從未看見好。看到寶鏡會讓你增加信心，相信寶鏡的存在，而且以更大的決心繼續努力修行。

也許有人會認爲，如果佛性可能得而復失，那麼它就沒什麼價値。的確，眞實的東西不可能得到或失去，假如某個東西確實是眞實的，那麼它必定是恆常不壞的。剪得斷的頭髮不是眞的，會老死的身體也不是眞正的眞實。但悟境不同，「我開悟了」與「我不再有悟境」只是語言文字的表述，悟境本身既不可得，也不可失。當一個人開悟時，那是佛性顯露；當悟境消失時，則是佛性被煩惱覆蓋。不管是顯露還是被覆蓋，寶鏡一直都在。佛性也是一樣，得到或失去的只是映現的功能而已。

開悟後如何保持悟境？有兩種方法。第一是以大精進力綿密修行，直到大徹大悟。就像在田野焚燒野草，一般的火只能燒焦土地表面，野草的根還在，春風吹又生。然而猛烈的火卻可連根燒毀野草，使田野寸草不生。這是大修行，《六祖壇經》中對此有貼切的形容。在尚未成爲六祖之前，惠能曾經寫了一首四句偈形容大徹大悟，以回應神秀禪師對開悟的描述。惠能說：「菩提本無樹，明鏡亦非台；本來無一物，何處惹塵埃？」

第二種保持悟境的方法，是神秀（西元606～706年）詩偈中所述的方式，也就是「時時勤拂拭，莫使惹塵埃」，保護鏡子不受煩惱塵的覆蓋。在尚未達到「無心」境界前，修行人必須努力擦拭這面寶鏡。假如一個人持續不斷地精進，就能保持悟境，這需要毫無間斷地修行。

曾經有人告訴我，她在修行過程中看到自己的煩惱，但沒有訓練自己持續地拭去這些煩惱塵，她說要等到內心處於較好的狀態下才處理。我告訴她，這樣的心態是錯誤的。假如你在鏡子上看到灰塵或污垢，最好是一發現就馬上清除，而不是一直等待，讓塵垢日積月累。當然我現在談的是心，不是鏡子。擦拭鏡子很容易，但擦拭心可能沒這麼容易。如何達到呢？辨認心鏡上的灰塵或煩惱，這個行爲本身就是在清除塵垢，無需其他方法。

上述兩種方法有所不同，神秀的方法需要持續地修行；惠能的方法則需要很強的精進修行力，讓人在達到大徹悟後不需再修行。這時候，明鏡的譬喻已經不需要了，但這樣的成就是很稀有的。

另外還有第三種方法，但它不屬於正統的禪修方法。在釋迦牟尼佛的時代，人們使用的某些方法趨於極端，有些證得阿羅漢的出家人自以爲已經完全捨離自我，達到最後的覺悟狀態，他們由於害怕不能永保這種悟境，所以就自殺了。這種修行方法是佛陀禁止的。

同樣屬於這種類型的還有一種較溫和的方式，也就是有些出家人終生離群索居，希望藉此避開煩惱。隱居修行這種方式是獲得鼓勵的，但人終究有一天還是必須回歸社會，這些出家人採取這種極端的做法是不正確的。隱居煩惱較少，但你會誤以爲自己很有成就，但事實並非如此。這就像黑夜中點了一根蠟燭，因爲害怕燭火被風吹熄而用毯子蓋住它。這樣一來，燭光雖然還在，卻朦朧微弱，沒什麼用處。

禪的方法是教你處處鍊心，不管獨處或身處紐約時代廣場的人群中，你都要拂拭心鏡，忘卻外境。我在山間閉關了六年，但煩惱並沒有消失；而當我回到人群，煩惱也沒有大量增加。與其說煩惱是環境所造成的，不如說那是我自己內心的產物。

雖然精進修行者離開人群密集修行是得到認可的，但人不應該完全捨棄人間。你無法逃離這個世界，我或許有很多煩惱，但我也有慈悲心。我不是阿羅漢，只是一個普通人。有時我看到自己的煩惱像冬天暴風雪中的雪花，飄落在我的心鏡上，但透過不斷的修行，我讓自己的心鏡保持溫暖，而雪片很快就融化了。

二、對症下藥，隨順因緣

銀盌盛雪，明月藏鷺，
類之不齊，混則知處。

這四句形容開悟者如何看待這個世界。通常我們認爲開悟者的心是不動的，但不能說他們心中沒有念頭。念頭是有的，但開悟者的起心動念，與一般人的起心動念不一樣。假如開悟者的心完全不動，那麼有人會以爲開悟者跟木頭、石頭、死人沒什麼兩樣。開悟的確是一種「無心」的狀態，但那與石頭或死屍的狀態不一樣。開悟者的心仍然有作用，開悟者的心也跟一般人的心不一樣，但只有開悟者能瞭解、分辨其中的差異。

這節詩歌的前兩句是譬喻，形容相似但不相同的事物。銀碗與明月都是不動的，代表開悟者的心，意指智慧。碗內的白雪是動的，也就是說它是無常的。銀碗（主體）藉由「盛雪（客體）」顯現其功能，也就是容納事物的功能。月光映照白鷺也有類似的寓意，白雪與白鷺象徵外在環境的種種現象與內心世界的念頭。

一般人認爲的念頭，開悟者卻視爲內心世界的對象，如此一來，念頭不再是一般所謂的念頭，開悟者能善巧運用念頭，幫助眾生。對開悟者而言，念頭是一種工具，是智慧所起的作用。對完全覺悟者來說，煩惱與菩提沒有不同，因此煩惱可被用來當作幫助眾生的工具。

此段第一句有主體「銀碗」及客體「雪」，第二句也有主體「明月」及客體「鷺」。銀碗和白雪都是同樣的顏色，卻不是相同的事物，明月與白鷺鷥也是如此。

開悟者看每一樣東西都是一，但他們能夠區別不同，因此他們能看出白雪不是銀碗，白鷺不是月亮。但一般人看每樣東西都是分開的，對未開悟者而言，只有差別。假如這兩句詩是從一般人的觀點寫的，則主體與客體將會大不相同，飛過明月的可能不是白鳥，而是烏鴉；盛放在銀碗內的可能不是白雪，而是色彩鮮豔的事物。一般人對自己與所觀察的對象劃分得清清楚楚，而且一一區分不同的對象；但是開悟者，則不會有「你、我」、「彼、此」等分別。

開悟者會不會將父親與兒子視爲同一呢？或是將兩者都視爲父親，或是兒子？對開悟者而言，任何東西都是一樣的，外在世界與內心世界是一體，完全相同。雖然如此，開悟者仍然與一般人一樣，能看到事物彼此間的不同處。

開悟者能夠像一般人一樣發揮功能，實際上，一般人看不出開悟者有何奇特之處。但開悟者的確不同於常人，因爲他不會去分別好壞、遠近。

釋迦牟尼成佛後仍然將自己的父親視爲父親，將自己的妻子視爲妻子。當他的父親逝世時，他同樣依照身爲人子之禮，參加父王的喪禮。雖然他看待父子關係的方式與一般人不同，但他還是遵循世間的禮俗，完成一個兒子應盡的責任。

意不在言，來機亦赴。
動成窠臼，差落顧佇。

這段詩句解釋開悟禪師的行為模式。禪師不用特定的方式、語言或方法教導學生，當一個人因緣成熟時，他會運用各種方法予以幫助，教導模式或方法不會一成不變。

一旦禪師採取行動，不管是開示、教授禪修方法或提供公案，這個行動就是死的。行動，是隨順因緣而生，不離因緣。既然因緣一直在變，隨順因緣的行動也經常跟著變。一個行動一旦發生，同樣的行動就不會再次出現，因為因緣永遠不會相同。這就表示禪師不會對不同的人重複使用同樣的手法，或是對同一個人在不同時機重複同樣的手段。不同的病症需要不同的藥方，同樣地，不同的學生需要不同的教導。

如同最後一句「差落顧佇」所言，一個禪師必須考量每個學生不同的資質。當我教導他人時，我會謹慎考量這個人的背景、性格、態度，然後採取適當的方法，也就是我覺得最適合這個人的方法。

這幾句詩提供禪師與弟子互動的典範。第一句是佛教常見的話：「意不在言。」雖然究竟的理不能用語言表達，但開悟的人仍然運用言語來幫助別人，只是因為因緣經常不一樣，所以言詞也隨之不同。

佛法有四句話：「依法不依人」、「依義不依語」、「依智不依識」、「依了義不依不了義」。這些話說明究竟的法則，一個人有了這些法則就可以教授佛法。

從前有一個村莊，村中沒有人聽聞過佛法，而且那裡的男人只對女人有興趣。大悲觀世音菩薩便喬裝成一個美女，手提魚籃來到這個村莊。村裡的男人馬上糾纏著她，向她買魚，但其實他們是想得到她。觀世音菩薩對他們說：「誰能夠在一天內背誦《心經》，我就嫁給他。」一聽這話，所有男人都趕忙衝回家，拚命背誦這部經。

第二天，在聽完所有人背誦之後，她說：「太好了，但會背的人太多，我很難選擇。所以，誰能在明天背誦《金剛經》，我就嫁給他。」第二天會背的人就少多了，但仍然不只一人。於是，她又說：「還是太多人了，我很難選擇。這樣吧，誰能背誦《法華經》，那就是我要嫁的人。」

隔天，只剩下一個人回來，這個人聰明絕頂，把三部經都背起來了。這時化身爲女人的觀世音菩薩答應嫁給他，然而就在婚禮完成當天，新娘就得了重病，奄奄一息。臨終前，她告訴丈夫：「希望我死後，你不要忘掉這些經典。」

她的丈夫回答：「我永遠不會忘記妳，也不會忘記這些經典。」然後她就過世了。但第二天，她又出現在他面前，他驚恐萬分地問：「妳是誰？是人還是鬼？」

「都不是。」她回答：「我是觀世音菩薩，我來這裡，是因爲你們村裡的人都不信佛法。現在，因我的幫忙，你可開始幫助這裡的人修行佛道。」

觀世音菩薩化身美女來幫助這些耽溺淫欲的人。假使這些人迷戀的是錢財，那麼觀世音又會以另一種化身出現，用不同的方法來度化他們。

在禪七中，我用各種不同的方法教導人，有人念佛，有人用話頭，有人數息。即使是看似簡單的數息法也有許多不同的變化，每一種方法都有特定的人適合。

一個禪師應該評估學生，然後給予他認爲最適合這個學生的方法，對於其他的學生也必須重新評估，一成不變的給每個人同樣的公案鐵定沒效果。當然，幾世紀前使用的公案今天還是可用，但禪師要看情況，有效果才用。

前人用過的公案或開示若用對了時機，就會活出新生命。但假使學生不能活用方法，那麼不管用什麼方法，不管這個方法源於何處，都是死方法。

三、自性顯現，煩惱袪除

背觸俱非，如大火聚。

這兩句可從兩種不同的層次來看，也就是修行者的層次與已開悟者的層次。假如你是處心積慮追求寶鏡的修行人，你不但不會接近目標，反而會離目標愈來愈遠，所以不能執著於想開悟的念頭。

相反地，假如你說：「我不在乎開不開悟；我不在乎有沒有開悟，或自己是否達到開悟。」同樣地，你這一生中也不會見到寶鏡。你既不能追尋寶鏡，也不能逃避它。

正確的態度是什麼呢？你的修行必須配合發願，每次修行前都要發願精進、發願開悟。的確，你應該尋求開悟，但當你坐下來用方法時，所有的追求心必須丟掉，沒有什麼要追求，也沒有什麼可得失，純粹只是修行，其餘不管。願力會加強決心，因此每次打坐開始前都要眞誠發願。

就另一個層次而言，這兩句詩適用於已經開悟的人。眞正解脫的人渾然不覺自己有力量、有智慧，其實他們的智慧時時現前，並且自然、不造作地回應任何情況。

詩句中的大火代表寶鏡，它是一種智慧的火焰，力量的來源。它像火焰，可能有益，但也可能是危險的；你若執著它會被燒傷，排斥它則會凍死。不能接受佛法、最後也排斥修行的人是一種極端；另外一種極端是耽溺於開悟，這種人可能墮入魔道。

假如一個人已經見到寶鏡，而說：「我擁有寶鏡！」那麼他就不可能完全解脫。這種悟是假的，因爲他仍然執著寶鏡這個「念頭」，執著於一個停駐在某個東西上的「我」的念頭。

我看過一心一意只想開悟的人，這種人因此而痛苦不堪。他們其中有些人自認已經開悟，但其實並沒有，這造成很多問題；另外，有些人則因爲尚未開悟而大爲苦惱，情況嚴重到變爲消極或甚至發瘋——這些人眞的是被火燒傷了。但開悟的人本身變成這把火，所以不爲火所困。他並不知道自己是火，但是有人需要火焰時，他就當下給予火焰——此火就是智慧。

但形文彩，即屬染污。

任何開悟的念頭，甚至只是一個寶鏡的念頭，都是錯的。擁有念頭就是在染污寶鏡，或在寶鏡上塗抹顏料，不管畫得多漂亮，這面鏡子再也不能映照。

我曾去過牆面貼滿鏡子的餐廳，這種裝潢讓人產生錯覺，以爲室內空間很大。但是，如果有人在其中一面牆上寫著：「這是鏡子。」那麼這種錯覺就消失了。讓鏡子維持原狀，它就會映照；而一旦有東西遮住鏡面，映照的功能就消失了。

有人問一位禪師：「開悟之後是什麼情況？」禪師回答：「那無法形容，若你想以言語形容，無論你說什麼都是錯的。」

問話的人此時正好把米粥從大鍋倒入小碗，一聽到這樣的回答，他說：「多好的一鍋粥，可惜被幾顆老鼠屎弄髒了。」

即使說「開悟是不可思議的」也是錯的，因爲任何描述都會污染寶鏡。在《維摩詰經》中，維摩詰居士對於這樣的問題默然不答，這才是眞正的答案。即使是一個手勢，都勝過言語。

雖然像「不可思（無法想像）」、「不可議（無法描述）」這樣的字眼的確出現在經典中，但這些都屬於理性思考的解釋，目的是爲了輔助傳達漸修的教理。禪很少運用這些語言文字，因爲那是間接的。假如我剛才告訴你們的故事中被問的是一個開悟禪師，像這樣的問題，比較合理的回答應該是：「吃粥去，說這些都沒用。」這才直接。

假如一位開悟禪師回答了這樣的問題，那就像在鏡子作畫，或像在一鍋粥留下老鼠屎。只要學生從禪師的教導得到利益，他們是否相信禪師已經開悟就無關緊要了。

夜半正明，天曉不露。

一般常識告訴我們，半夜是黑暗的，白天則是光明的。但這兩句詩所談的並非光線，而是寶鏡，也就是自性。

外境會變，自性不變。在生死（無明）中，這面寶鏡不會變暗，開悟時，它也不會變得明亮；開悟時，自性不會顯露現前，在生死流轉中它也不會被染污。修行的目的並非爲了要使自性顯現，而是要除去煩惱。

當煩惱消失時，自性自然就顯現；並不是自性出現，應該說是煩惱消失了。必須要記住的一個重點是：開悟不是什麼新的東西冒出來，而是煩惱的袪除，其他任何東西的出現，只是讓已迷惑的心更添迷惑而已。

為物作則，用拔諸苦。

前面我強調修行影響的是煩惱，不是自性，因爲自性是不變的。既然如此，爲什麼要談自性呢？你無法改變它，或讓它顯現。這樣的觀念到底有什麼用？佛陀是爲了幫助需要修行的眾生而說自性，對佛陀及祖師而言，自性毫無意義。但是談論悟境，卻能夠激勵一般人努力修行，尋求寶鏡。

眾生需要目標與執著，因此就必須談到寶鏡，這就是爲什麼洞山禪師寫這首〈寶鏡三昧歌〉的用意。詩中的教導談到目標、執著、悟境，但修行時，我們必須保持不追求、不執著名相的態度，如此才能進步。目標一定要有，但那是假的目標；人們需要目標作爲誘因與努力的方向，但那只是一種手段。假如你正確地修行，當你達到目標時，它就會消失；若目標還在，表示你還沒達成目標。眞正的目標是不執著；沒有執著，就沒有苦。

舉例來說，師生關係中不應該對彼此身分這種標籤有所執著，老師不用想：「我是老師，他是學生。」假如有這樣的念頭，問題就來了，因爲老師與學生都執著於虛妄不實的概念。若有這樣的態度，碰到學生叛逆或離開時，老師將會苦惱。

正確的心態應該是：「假如你把我當成老師看待，那麼我是老師；假如你以其他方式看待我，我就如你心目中所想的一樣。」

在日常生活中，假如好友離別，敵人擾亂，或朋友反目成仇，這些情況都讓人心煩意亂。佛陀談到，愛別離會產生苦，怨憎會也會產生苦。

雖非有為，不是無語。

「有爲」一詞來自於兩個梵文名相，samskritta與asamskritta這兩個名相可翻譯爲「有爲法」與「無爲法」。一般的佛教哲學說世間現象界諸法，無論內在、外在，都是有爲法，因爲它們不停地在改變。根據這種思路，有爲法與無爲法（即自性的不變狀態）是彼此分隔，且可以分辨的。

禪的觀念卻不是如此，雖然寶鏡不是有爲法，但說它與有爲法分隔則是錯誤的，因此不需要解釋寶鏡這種說法也是錯誤的。前面的詩句提到，談論開悟是染污寶鏡，而這裡的詩句則進一步解釋。事實上，寶鏡不會被語言污染，也並未離開語言。

自六祖惠能以後，禪就強調菩提即是煩惱。同樣地，涅槃即生死，有爲法即無爲法。

四、放下寶鏡，只管修行

如臨寶鏡，形影相覩。
汝不是渠，渠正是汝。

這幾句詩暗指洞山良价的一則生平事蹟。他修行了好多年都沒開悟，有一天當他過河時，看見水面上自己的倒影，就在那當下，他頓悟自己的本來面目，他俯視水面說：「我是洞山，這個倒影也是洞山，但是究竟哪一個才是眞的？」

一般而言，我們會說有血有肉的才是眞人，倒影是幻象，但洞山覺得假使色身是眞人，那麼倒影也應該是眞人，因爲兩者都不能沒有彼此而存在。

有人可能認爲沒有水就沒有倒影，但實際上並非如此。倒影隨時都在，只是沒水就看不到它。假如你有身體，就有倒影；若無倒影，就沒有身體。

佛教某些宗派說，色身與法身相異，彼此是分隔的。依照這樣的觀點，當我們從色身解脫時，就得到法身。但從多數的佛教大乘宗派的觀點，自以爲能夠超越「虛妄」的色身以尋得「眞實清淨」的法身，其實實現的機率比找到龜毛或兔角還低。

洞山禪師看到自己的本性，也就是他的法身。他看清自己的色身並非法身，卻也看到這個法身沒有離開色身，色身、法身不一不異。色身就是色身，無法包含法身，但不受時空限制的法身並沒有離開這個色身；這虛妄不實的身心，就是這清淨法身的影子或倒影。

未看到鏡子裡的影像前，你不知道鏡子的存在；除非有鏡子映照，否則你也看不到影像。鏡子與影像相互依存，它們不同，卻不離彼此。假如你眞正體會這點，那麼你就體會寶鏡。

有另外一種方式理解這段詩句。前面我說色身是寶鏡或法身的倒影，現在我的解說如下：開始修行時，你用自己的身心開始修行，這時寶鏡對你而言並不存在；當你將身心視爲影像時，你就瞭解它們是虛妄不實的，並且體會鏡子的功能正是反映虛妄的影像。實際上，影像及影像反映器都是虛妄的。

如世嬰兒，五相完具。

本質上，佛陀與我們並沒有不同，唯一的不同是我們尚未體證佛性。舉例來說，我們相對於佛陀，正如嬰兒相對於成人。在中國，修行佛法的人稱爲佛子，字面上的意思是「佛的兒子」。根據一般的解釋，佛子意指我們是佛的弟子；另一種詮釋認爲我們是佛的兒子，而且其實是佛的長子，將來有一天都將繼承佛道或成佛。

嬰兒不是成人，但有潛力長大成人，只是目前仍然需要大人照顧、養育及教育。同樣地，修學佛法的人也需要諸佛、菩薩、三寶、師父及老師的照顧與指導。嬰兒會長大成人，同樣地，修行人也會成佛。

詩句裡提到嬰兒所具的「五相」，也就是五種感官，可以被視爲佛的五分法身，它來自於佛的五種功德——戒、定、慧、解脫、解脫知見。其中第一種智慧也叫做根本智，在見性（即煩惱消失）時這種智慧會顯現。另外，從解脫得來的智慧（解脫知見）是究竟智，或後得智、方便智，因此別立爲一分法身，也就是一分功德。後得智是用來幫助其他的眾生。

這五種功德的體性在每一個人心中。假如我們持五戒（不殺、不盜、不邪淫、不妄語、不飲酒），那麼至少我們也部分相應於佛的五分法身中的「戒」。至於智慧，即使是知識上的理解經典，也會讓我們部分相應於佛的五分法身中的「慧」；甚至如果我們尚未證得究竟解脫，只有相對的解脫，也可說與法身的「解脫知見」相應。我們擁有這些功德的種子、這些法身的種子，但因爲我們仍是嬰兒，所以還需要培育這些種子。

不去不來，不起不住。

這幾句釐清了對生死與涅槃的幾種錯誤的見解。你可能認爲成佛時，是離開生死進入涅槃。你也可能認爲諸佛菩薩從涅槃來到生死，以救度眾生。這是許多佛教徒的理解，但這些觀念只是方便的解釋、權宜的教法，並不是究竟的教理。

生死與涅槃並不是事物，也不是處所。這些詩句形容的是佛的境界，佛是圓滿的人，不受時空限制。許多佛教徒可能以爲超越生死跟空間有關，他們認爲已超越三界的佛一定位於另外一個地方，而且他會再回來幫助眾生，但佛陀其實沒有離開我們。「如來」（Tathagata）一詞稱爲「眞如」，意思是「如是來或如是去」的意思，以這樣方式理解比較好。「超越三界」，「回到生死幫助眾生」——這些是方便法，不是究竟的教理。

許多佛教徒說，有善根的人碰到適當的因緣，就能成爲認眞精進的修行人。他們認爲像這樣的人，修行達到一定的層次就能信心堅固，證果不退。這又是另一種權宜方便的教導。每一個眾生的眞如都跟佛陀相同，業報種子就是這個眞如，其實沒有什麼成長發芽、進步或是退轉。

事實上，我們內在並無寶鏡，在佛法中、在禪堂裡，或是透過修行也無法找到寶鏡。假如唯有透過教導或某種特定的修行才能發現自性，那麼這種狀態就不是真的。假如你說自己內在早已有了寶鏡，自己已經是佛，那麼這也不是正確的態度。

正確的心態是這樣：「雖然寶鏡不是透過修行而證得的，但我還是需要修行來得到寶鏡。」這聽起來很奇怪，卻是正確的。或許最好的方法就是放下寶鏡，只管修行。

五、解脫知見，度化眾生

婆婆和和，有句無句。
終不得物，語未正故。

人類運用聲音來溝通、講話時，話裡通常有涵義，即使這些涵義沒道理。但是我要問：當人們談話時，他們真的說了些什麼嗎？

我曾見過兩位女士交談了很久，我問其中一位：「她是妳的朋友嗎？」她說：「不是，我們剛認識。」於是我又問：「那妳們聊些什麼啊？」「其實沒講什麼。」她說：「不過，這是打發時間的好方法，而且聊過之後，我們也變成朋友。」

我也曾在書面資料中讀過，據說有一種電話服務，是專爲想聊天而沒有談話對象的人所設。有此需要的人，可以撥一個電話號碼聽別人交談；假如對談話內容有興趣，便可加入，提出自己的看法。

這些例子，說明了一般人需要交談。不講話，他們會難過，談話會讓他們比較舒服。但交談時，他們眞正說了些什麼嗎？應該是沒有。

那麼，談論寶鏡有沒有比我提到的這些聊天更有益呢？大概沒有。「婆婆和和」這句話毫無意義，同樣地，我們用來形容寶境的所有說明與解釋其實也沒有意義，這些都不能告訴我們寶鏡到底是什麼。雖然如此，因爲人們有需要，我們還是要繼續解釋。

不管你如何努力解釋寶鏡，不管你選擇什麼語言或符號，都不能趨近它的眞義。讓我們以較爲熟悉的事物來試試看。中國古代有人運用以下比喻形容美女：她有鳳眼、瓜子臉、櫻桃小口，齒白如貝，指如青蔥。想想看用以比喻的這些事物的模樣，實在不怎麼好看。所以，即使是我們熟悉的人類，都很難用語言形容，何況是形容寶鏡，可想而知這有多麼困難。

禪師與祖師們很像是嬰孩，想說話，嘴裡卻只能發出伊伊呀呀等毫無意義的聲音。他們知道自己的體驗是什麼，也知道自己想說些什麼，但就是沒有適當的方式可以表達。

我們現在進入這首詩歌的核心，我將細心地解釋這些艱澀的詩句：

重離六爻，偏正回互，
疊而為三，變盡成五。

在這段詩句中，洞山禪師借用《易經》的符號解釋曹洞宗的中心思想。曹洞宗禪師用五種層次的境界，來衡量修行者的進步程度。雖然《易經》的哲理與佛教哲理不同，但其中某些觀念與比喻可作為工具，幫助解釋曹洞宗的思想。

《易經》用實線與虛線組成的爻卦❶，說明動（陽）、靜（陰）兩種力量的互動；實線代表陽，虛線代表陰。為了說明道果，洞山禪師用這些線條符號代表生死與涅槃、煩惱與智慧之類的相對物或兩邊。

這一段第二句的「偏正」，也可理解為「偏與中」。就像陰與陽一樣，偏與中代表兩種絕對。佛教談絕對，例如眞如與生死，但實際上沒有所謂的絕對，永遠都有對立兩邊的相互作用。假如眞如單獨存在，那麼就無法體驗眞如，你也不

❶《易經》中的實線或虛線都稱為「爻」，六爻為一卦，其中上三爻為一組，稱為「上卦」；下三爻為一組，稱為「下卦」。

能拿任何東西與它類比。只要有一就有二，可以什麼也沒有，但絕不能只有一；唯有相對於生死，眞如才存在，正如唯有相對於煩惱，才有智慧。

詩中「正偏」或「中偏」，代表煩惱與智慧。你可能認爲智慧是正中，煩惱是偏，但這些觀念是從禪宗的基本原則——菩提（智慧）即煩惱，煩惱即菩提——衍生出來的。煩惱與智慧互動，隨著修行境界而有所不同。

我畫一個圓圈作爲象徵符號，幫助大家瞭解中、偏代表什麼意思。五種黑白比例不同的圓，代表曹洞宗描述的五層修證境界。五種層次中的第一種（圖一），也是最淺的，並非指剛開始修行的人，而是已經見性的人。

（圖一）

這個層次叫做「正中偏」，「偏」是智慧，「正」是煩惱。在這個層次，仍然在煩惱中（黑色）的修行人，已經見到了寶鏡（白色），開始體驗到智慧了。這是修行人第一次見到自性，此時他具有信心，能夠繼續精進修行。儘管他仍然在煩惱中，但完全專注於智慧的體驗上。

第二層次（圖二）叫做「偏中正」。在這個圓圈內，白色代表的智慧佔大部分，黑色代表的煩惱佔小部分。雖然智慧已愈來愈開顯，但修行者此時敏銳覺察剩餘的煩惱，並且全神貫注地對治——他正處於袪除煩惱的過程中。

（圖二）

第三層次（圖三）「正中來」直譯爲「來到正中」，但最好理解爲「在本體中顯現」。在這個層次，煩惱不再顯現於外，但修行者知道自己仍有煩惱。最好將這個圓視爲三度空間的圓球體，黑色核心代表的煩惱已完全被白色的智慧外殼包覆。煩惱已被調伏，只顯現於中，但仍有可能再度生起。在這個層次，修行者初次同時覺察煩惱與智慧，這是五個層次的軸心。

（圖三）

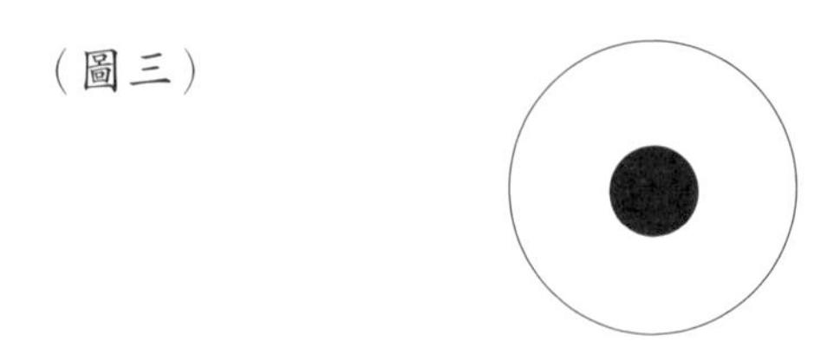

第四層次（圖四）「兼中至」可粗略解釋爲「兩邊都到達」，所謂兩邊就是正與偏，也就是煩惱與智慧。第三個圓

形「正中來」一詞意味朝某個方向移動，而在第四層次，修行者已經抵達目的地。這個圓是全白的，依據我們在這些圓中黑白比例的運用，在此智慧似乎已經完全根除煩惱，但其實並非如此。

（圖四）

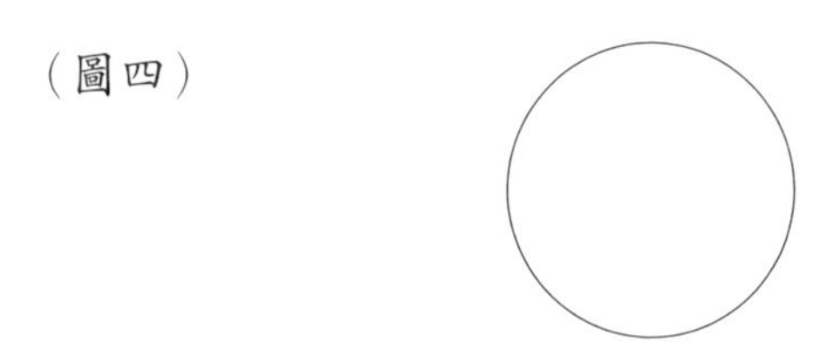

之前我說過，可以有二，但絕不能只有一；煩惱袪除後，智慧也不見了。實際上，最能表現這個層次的，是什麼東西都不畫，只留一片空白。此處畫一個圓圈的外框，只是爲了說明的方便。

智慧消失，是因爲它只能顯現於生死的世界，顯現於現象界；完全寂靜時，不可能有智慧。第四層次的這種智慧，稱爲根本智或本得智，這是眞正的解脫、究竟的空；生死已被超越，輪迴已被打破。第四層次是不動、什麼都無的境界，沒有眾生，因此也沒有眾生應被救度。

第五層次（圖五）稱爲「兼中到」，也就是「兩邊皆圓滿」。第四層次是「根本智」，第五層次則爲「後得智」。第四層次是畢竟空，什麼都不存在；而在第五層次，煩惱即是智慧，所以整個圓圈是黑色。在第五層次的人再度與現象的世界產生關聯，但他以煩惱作爲智慧的工具，救度眾生。

一般人以爲這樣的人也在受苦，但對第五層次的人而言，煩惱即是智慧，在這個層次，他完全投入世間幫助眾生。

（圖五）

在上述段落中，以五種圓闡釋五個層次的境界，洞山禪師也用上、下卦形成的六爻解釋五層修證的境界。他說：「疊而爲三，變盡成五」，如果看上圖中的六爻，可以看出六爻可以兩兩成對，形成五對；但是，其中第一對與第四對相同，第二對與第五對相同。因此，實際上只有三對，但這些符號就形成我先前解說的五種層次。

在下圖中，每一個圓都對應一對線條。要瞭解洞山禪師所用的符號，就要知道實線相當於圓形白色的部分，也就代表智慧；虛線則相當於黑色，代表煩惱。實際上，第一對與第二對應該結合在一起，這兩對代表修行者初次體證智慧，以及逐步地袪除煩惱。如同我之前提過的，第三對是軸心，

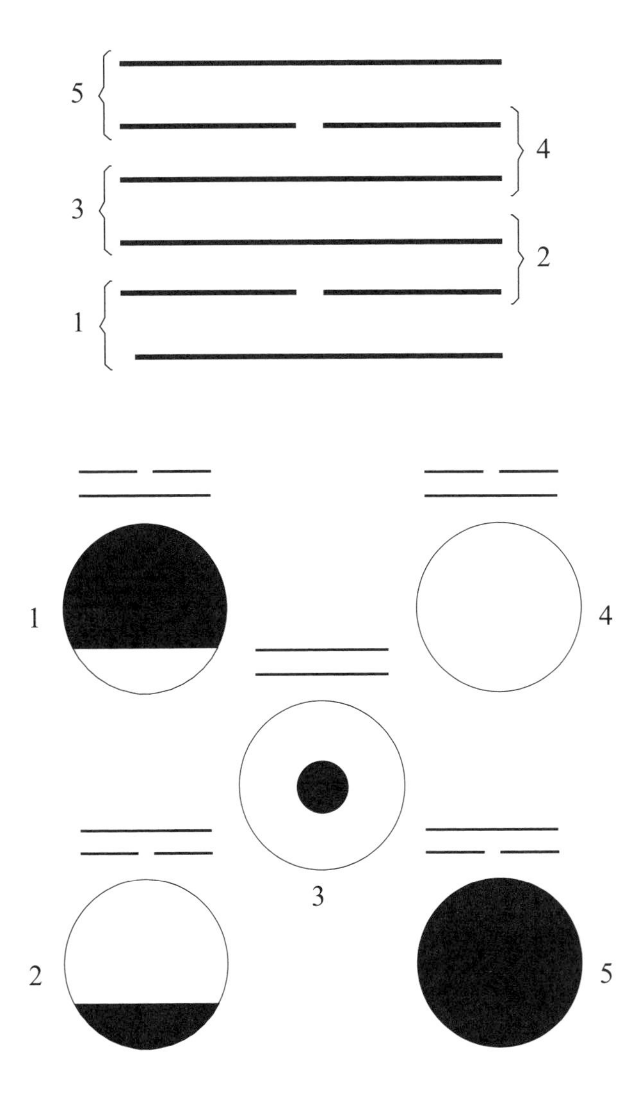
5
4
3
2
1
1
4
3
2
5

在這個層次的修行人同時覺知煩惱與智慧。第四對與第五對也應該擺在一起，這兩對代表悟境的最高層次。

我簡要地做個結論：第一層，修行者專注於智慧，第二層則專注於煩惱，然而這兩種層次的重點都在於修行。

第四與第五層次，修行已不是問題了，重點是解脫知見，以及度化眾生。在第四層次，也就是究竟解脫中，沒有智慧也沒有煩惱，也沒有應被救度的眾生；在第五層次，煩惱即菩提，而且可以用來幫助眾生。

在第三層次，修行仍然需要，修行人依然屬於生死輪迴的世間，但已達到有能力幫助眾生，且煩惱不再現前的境界。

六、邁向究竟圓滿悟境

如荎草味，如金剛杵。
正中妙挾，敲唱雙舉。

前兩句繼續解釋曹洞宗的五重修證境界。「荎草」有五種淡淡的氣味或香味，據說嚐到其中一種味道時，事實上就已遍嚐所有五種味道，因爲任何一味都會讓人聯想到其他四味。同樣地，金剛杵的頂端也有五瓣或五股弧形，只要抓住其中一股，其他四股自然如影隨形。

這與五重修證境界有什麼關係呢？既然偏正——智慧與煩惱彼此互動，那麼修行者達到五種層次中的任何一層時，就等於到達體證其餘四種境界的門檻。每一層都含攝其他四層，因爲它們或多或少都涉及智慧與煩惱。

其實，這些層次並非眞正存在，這樣的區分只是爲了幫助眾生修行。假如有一種層次獨立分隔於其他一切之外，與其他任何一物都沒有關聯，那麼它就不可能被體證。但其實我們本來都是佛，所以我們內在永遠都有體證這五重境界的潛能。

後兩句詩偈意指第三層次，也就是軸心。我在前面說過，修行人就是在第三層同等覺察煩惱與智慧。這與第五層不一樣，達到第五層境界的人明白煩惱即智慧，第三層則銜接第四、第五層的開悟者（這些人已徹底體證智慧且幫助眾生）與第一、第二層的凡夫（這些人關心的是袪除煩惱）。

「敲」（打鼓）、「唱」（唱歌）是指第三層，五重修證境界的所有微妙功能都在此階段顯現，這種微妙功能可以袪除煩惱，用來幫助其他人。然而，在這個層次中還是需要修行，而且假如這個人眞正下定決心，就會尋求明師的幫助。

接下來的八句詩偈，是〈寶鏡三昧歌〉的精髓。上述五重修證境界總名「五位君臣」，常爲曹洞宗所用，而洞山良价是第一位以（煩惱是正，智慧是偏）這種方式談論五重修證的禪師，其他曹洞宗的禪師所用則各有不同。同樣地，臨濟宗也用四位「賓主」來形容一個人的修行層次，以及對煩惱與智慧的體驗。

你們或許會問：爲什麼禪宗說「頓悟」，而同時又談到悟的層次及修行的階位呢？你們必須瞭解，這些架構與描述是禪師用以評估學生的悟境，並且幫助他們在修道上邁向究竟圓滿悟境。

在幾世紀之後的明、清兩代，禪師談到修行的「三關」，這些關卡相當於曹洞宗五重修證的前三種層次。第一關是見自性；第二關稱爲「重關」，描述一個人繼續修行，深化對自性的覺知及煩惱的斷除；第三關稱爲「牢關」，打破這一關，修行人就打破生死的牢獄。一旦打破第三關，也就是通過第三個層次，自然而然會繼續進步，從第四層提昇到第五層。

通宗通途，挾帶挾路。
錯然則吉，不可犯忤。

「宗」（目標）就是寶鏡，也就是徹底解脫障礙或不淨的心。「途」（道路）則指人們用來通達佛心的一切方法、理解及推理。

第三句中的「錯」有兩層意思，第一層的意思是「錯誤的」。稍早在形容五重修證時，我畫了一個黑色的圓，其中黑色代表煩惱，這個圓代表最高的修證層次。因此，錯誤的實際上最正確；煩惱錯得最嚴重，卻也正是最高的智慧。

這個字的第二層意思，是「兩種事物之間的互動」。整個五重修證中，智慧與煩惱的顯現是「吉」。在通往開悟的道路上，一個人必須歷經這些層層互動的境界，不能排斥它們；只有經歷這五種層次，才能使修行者眞正體會修行。

天真而妙，不屬迷悟。
因緣時節，寂然昭著。

在此，這首詩歌又回到「寶鏡」的描述。寶鏡是「天眞而妙」，也就是自然且微妙的。「天眞」指清淨不動的狀態，「妙」則是寶鏡映照的功能，也就是它發揮作用的能力。這兩種特質都需要，不要誤以爲寶鏡只有清淨不動的狀態。

古印度有一學派相信純粹自然論，這種傳統認爲這個世界除了可被見、聞、觸、嚐、嗅等五種感官直接感知的事物之外，別無他物。由於他們只相信萬物都是純粹自然發生的，因此對社會、心靈的成長或人間的苦難都漠不關心，也沒有什麼興趣去解釋萬物爲什麼如此存在。他們不相信過去的行爲決定現在的遭遇，也不相信現在的行爲決定未來的命運。在這一套思想中，人類的生命毫無意義。

寶鏡映照的力量配上清淨不動的「天眞」特質，使得這面微妙寶鏡圓滿無缺。「天眞」是佛性的不動狀態，「妙」是佛性開顯所成的智慧。

釋迦牟尼成佛時說道：「奇哉！奇哉！一切眾生皆具如來智慧德相。」菩提永遠都在，它不需獲得，只要體證。煩惱虛妄不實，變化不斷，而菩提是不變的。功德與智慧不是從修行衍生的，修行只是開顯功德、智慧而已。

有人說，有菩提種子，經過修行，這種子會發芽成熟；但這種說法是不正確的，菩提種子不會成熟，否則總有一天它將又會敗壞。

「天眞而妙」的寶鏡既非開悟，亦非無明，不管你開不開悟，寶鏡都存在。當你開悟時，菩提顯現；當你在生死中，菩提爲煩惱所遮蓋。

有一則故事，描述一個衣衫襤褸的王子在自己的王國流浪，人們以爲他是乞丐，也對待他如乞丐。等到他的家臣發現他的眞實身分後，他才被帶回王宮。我們就像那位王子，但在無明中我們忘失自己眞正的身分，行如乞丐。這個故事並未告訴我們這個王子何時變成乞丐，同樣地，從無始以來，我們就在這種無明的狀態中，漫無目標地四處流浪。

七、體證實相的眞如本性

細入無間，大絕方所。

這兩句也是描述寶鏡。覺悟的心是不動的，但能發揮作用。覺悟心不是槁木死灰；比起因執著而受限於思想、經驗等狹隘範圍的煩惱心，覺悟心有不可思議的強大力量。覺悟心沒有執著，所以具有無限的力量，它產生作用的範圍可以小自無法衡量的極微空間，大至超越虛空。

我們一般人的知識經驗都是有限的，無法理解無所不在的究竟佛性，覺悟的心沒有這種限制，它已體證實相的眞如本性。這不是科學探討或智識上的努力而得到的結果，而是個人的親身體驗。

毫忽之差，不應律呂。

這段詩句的「律呂」，相當於一種定音的樂器。假如這種作爲標準音的樂器音階調得太高或太低，即使只有絲毫差距，聲音也會走調；假如音階調得剛剛好，那麼聲音就很悅耳。同樣地，假如寶鏡稍有染污，就不再是眞實微妙寶鏡的顯現。

雖然其他宗教或某些人也談到開悟的經驗，但是他們的敘述與大乘佛教有一個重大的差別。眞正大乘佛教的開悟沒有任何執著，因此修行人在達到最高悟境之前，必須歷經不同層次的境界，不斷祛除種種執著。

經歷一次深入的經驗後，修行人很難判斷煩惱是否依然存在，明師必須分辨學生到達哪一層悟境，他可以用這首詩歌所描述的五重修證，衡量修行者達到的境界。假如執著還在，這經驗就不是眞正的禪。

今有頓漸，緣立宗趣。
宗趣分矣，即是規矩。
宗通趣極，真常流注。

眞正的禪無法言談，但爲了要瞭解，我們又不得不說。開悟總是突然發生的，但人們的修行可能勇猛精進，也有可能和緩漸進。

既然禪是頓悟的，實在沒有必要討論修行者的修行次第、階位。然而，爲了判斷修行者是否眞正開悟，也爲了斷定開悟者的悟境有多透徹，我們還是必須這麼做。因爲這個緣故，所以曹洞宗才談論五重修證境界。

只有眞實悟境現前，寶鏡才會眞正持續顯現。除非發生這樣的體驗，否則覺悟的心會逐漸隱沒在煩惱雲中，再度落入愚癡無明。

外寂中搖，係駒伏鼠。
先聖悲之，為法檀度。
隨其顛倒，以緇為素；
顛倒想滅，肯心自許。

這八句形容體驗不實悟境的人，雖然這種人看似開悟，解脫煩惱，其實他們只是調伏了自己的煩惱而已，根本問題還沒解決，因此這種悟境不是眞的。這八句特別針對修定的人而講。禪宗並非反對禪定，而是反對對禪定經驗的執著。禪定勝過世間其他任何經驗，但執著定境很危險，有些人寧可死，也不願意離開定境。

禪定產生一種寧靜、穩定的心，若干智慧也可能會顯現。此外，這種體驗更加強修定的信心，但那不是禪。「係駒」（拴住的馬）、「伏鼠」（呆立不動的老鼠）即指這樣的心，這顆心是受到了控制，煩惱也被調伏，但煩惱再度生起的可能性仍然存在，因此問題仍然沒解決。

一座活火山看起來可能很美、很寧靜，但它隨時都可能爆發。修定者也一樣，只是壓抑煩惱，而不是根除煩惱；當定力退失後，煩惱將再度浮現。這樣的修行者就是「隨其顛倒，以緇爲素」的人，他們隨順顛倒想，以黑爲白。禪定只是一種暫時的世俗經驗，相信這是最高悟境的人缺乏對佛法的根本知見。

體驗淺定的人很快又會面對煩惱，因此終究能體會自己並未開悟。但曾經體驗甚深禪定的人，可能以爲自己已完全根除煩惱，然而他們其實仍然執著禪定本身。這段的最後兩句說明，假如這樣的人能接受佛法的原則，改正自己的心態，那麼他們在很短的時間內就能開悟。

八、依循佛道，遠離魔道

要合古轍，請觀前古。
佛道垂成，十劫觀樹。

「古轍」，就是古佛所走過的道路。要想成佛，我們必須親自走過這條路。有些人也許覺得自己的道路跟佛道無分軒輊，這並非事實。人們談論來自東方的開悟聖者、來自西方的開悟聖者，但我們應該瞭解成聖的標準各有不同，假如一個人不依循諸佛古道而行，那麼此人就不是佛法的聖者。

我們從釋迦牟尼佛在經典中的描述得知此佛道，這是他已爲我們指明的一條道路。雖然禪宗避免語言、符號或描述，但這不過是告誡我們不要偏離經教一字一句，因爲一字之差就等同於接受魔道。

一個禪宗修行者可以用諸佛古道釐清自己的經驗，但他有可能運用自己的知見誤解經典，尤其在他的經驗不是眞實的情況下。這很危險，因此由老師印證一個人的體驗，衡量他的境界且糾正他的錯誤，這是相當重要的。一個人在修學佛法時，不可以偏離經教。

這首詩歌的「十劫」至少有兩種解釋。第一種出自於天台宗，此宗分判四種教法，即藏、通、別、圓四教，在圓教中談到成佛道上有十信位。詩偈中的十劫，指圓滿成佛十信位所需花費的時間。

第二種解釋是指在經典中所提到的一位菩薩，他因爲沒有任何經典引導，所以修了十劫還未開悟。沒有經教的指導，很難修習佛法。

如虎之缺，如馬之馵。

這兩句，是指一個在追尋佛道卻忽略經教的修行者。「如虎之缺」，跛腿的老虎不能獵食，而且任由其他動物擺布；「如馬之馵」，沒有安裝蹄鐵的馬跑不遠，在戰場上也毫無用處。同樣地，假如修行人不依經教的引導、測試及印證修行境界，就會身陷極大的危險中。

以有下劣，寶几珍御；
以有驚異，黧奴白牯。

這幾句詩偈形容精進修行，但還未開顯自家寶鏡的修行者。這樣的人將佛法像裝飾品一樣披掛在外，讓別人對他的智識與不成熟的修行留下印象。

但是當他第一次眞正體驗寶鏡本來就在自己內在時，他驚異不已；也體會到，在經歷這種體驗之前，自己跟一頭又笨又蠢的牛沒什麼兩樣。

羿以巧力，射中百步；
箭鋒相値，巧力何預？

后羿是中國一位傳奇人物，他是神射手，能在百步之遙射穿一片樹葉。假如我們的修行像后羿的箭術一樣熟練，就能有迅速而長足的進步。我們的技巧需要佛法的磨練，才能純熟。

但是，在我們見到自性及體驗究竟悟境後，就不再需要這些技巧與經典了，因爲它們已經充分發揮它們的用途了。

木人方歌，石女起舞；
非情識到，寧容思慮？

木頭人唱歌，還有石雕女像跳舞，以一般人的標準來看，這很荒謬；但從禪的角度而言，卻頗有道理。因爲在禪宗，有情與無情沒有什麼不同，有情、無情都來自相同根源的佛種。無情能夠說法、成佛，但只有開悟的人才能瞭解這個道理。

一般人可能以推理或想像來理解這一點，但這是沒用的，然而開悟的人親眼看見有情與無情並無差別。木頭人大有可能開口唱歌，只是它唱的是無聲之歌；石女也可能翩翩起舞，只是它跳的是不動之舞。

臣奉於君，子順於父；
不順非孝，不奉非輔。

在這幾句詩偈中，「君」、「父」代表清淨的狀態，也就是佛的境界；「臣」、「子」代表一般凡夫的狀態。你必須依循經教以邁向清淨的狀態。假如你隨順自己的道路，或是誤解經教，則將落入外道；假如你隨順此道，那就不是真正的禪修行者。

潛行密用，如愚如魯；
但能相續，名主中主。

這是這首詩歌最後的四句。一個大修行人不會引人注意他的修行，他悄悄地以佛道為目標而修行。大多數人將他視爲普通人，而不是聖者，但是這樣的人卻擁有大智慧與大慈悲；他幫助眾生，而且從修行中獲得大利益。人們或許看不到他的智慧與慈悲，甚至稱他爲傻瓜，但這都無關緊要。

假如你能「相續」，也就是在修行道上堅持下去，並且悄悄修學佛法，最後你會通過最困難的關卡，達到煩惱、菩提一如的第五層修證境界，也就成爲「主中主」（主人中的主人）。